"十三五"国家重点出版物出版规划项目

外国文学研究
核心话题系列丛书
Key Topics in Foreign
Literature Studies

◆ 心理分析 · 伦理研究
Psychoanalytical/
Ethical Studies

外语学科核心话题
前沿研究文库

作者

✻

The Author

刁克利　著

外语教学与研究出版社
FOREIGN LANGUAGE TEACHING AND RESEARCH PRESS
北京 BEIJING

图书在版编目 (CIP) 数据

作者 ／ 刁克利著. —— 北京：外语教学与研究出版社，2019.1（2022.1 重印）
（外语学科核心话题前沿研究文库. 外国文学研究核心话题系列丛书. 心理分析·伦理研究）
ISBN 978-7-5135-8966-6

Ⅰ. ①作… Ⅱ. ①刁… Ⅲ. ①著者-研究 Ⅳ. ①G254.31

中国版本图书馆 CIP 数据核字 (2019) 第 010919 号

出 版 人　王　芳
选题策划　常小玲　李会钦　段长城
项目负责　王丛琪
责任编辑　解碧琰
责任校对　段长城
装帧设计　杨林青工作室
出版发行　外语教学与研究出版社
社　　址　北京市西三环北路 19 号（100089）
网　　址　http://www.fltrp.com
印　　刷　北京九州迅驰传媒文化有限公司
开　　本　650×980　1/16
印　　张　13
版　　次　2019 年 1 月第 1 版 2022 年 1 月第 3 次印刷
书　　号　ISBN 978-7-5135-8966-6
定　　价　49.90 元

购书咨询：(010) 88819926　电子邮箱：club@fltrp.com
外研书店：https://waiyants.tmall.com
凡印刷、装订质量问题，请联系我社印制部
联系电话：(010) 61207896　电子邮箱：zhijian@fltrp.com
凡侵权、盗版书籍线索，请联系我社法律事务部
举报电话：(010) 88817519　电子邮箱：banquan@fltrp.com
物料号：289660001

记载人类文明
沟通世界文化
www.fltrp.com

出版前言

随着中国特色社会主义进入新时代，国家对外开放、信息技术发展、语言产业繁荣与教育领域改革等对我国外语教育发展和外语学科建设产生了深远影响，也有力推动了我国的外语学术出版。为梳理学科发展脉络，展现前沿研究成果，外语教学与研究出版社汇聚国内外语学界各相关领域专家学者，精心策划出版"外语学科核心话题前沿研究文库"（下文简称"文库"）。

"文库"精选语言学、应用语言学、翻译学、外国文学研究和跨文化研究五大方向共25个重要领域100余个核心话题，按一个话题一本书撰写。每本书深入探讨该话题在国内外的研究脉络、研究方法和前沿成果，精选经典研究及原创研究案例，并对未来研究趋势进行展望。"文库"在整体上具有学术性、体系性、前沿性与引领性，力求做到点面结合、经典与创新结合、国外与国内结合，既有全面的宏观视野，又有深入的细致分析。

"文库"邀请国内外语学科各方向的众多专家学者担任总主编、子系列主编和作者，经三年协力组织与精心写作，自2018年底陆续推出。"文库"已获批"十三五"国家重点出版物出版规划项目，作为一个开放性大型书系，将在未来数年内持续出版，并计划进行不定期修订，使之成为外语学科的经典著作。

我们希望"文库"能够为外语学科及其他相关学科的研究生、教师及研究者提供有益参考，帮助读者清晰、全面地了解各核心话题的发展脉络，并有望开展进一步深入研究。期待"文库"为我国外语学科研究的创新发展与成果传播作出更多积极贡献。

外语教学与研究出版社

2018年11月

目录

总序

外国文学研究在二十世纪的中国经历了作品译介时代、文学史研究时代和作家+作品研究时代，如果查阅申丹和王邦维主编的《新中国60年外国文学研究》，我们就可以看到，在改革开放后的中国，特别是在九十年代以后，外国文学研究进入了文学理论研究时代。译介外国文学理论的系列丛书大量出版，如"知识分子图书馆"系列和"当代学术棱镜译丛"系列等。在大学的外国文学课堂使用较多、影响较大的教程中，中文的有朱立元主编的《当代西方文艺理论》；英文的有张中载等主编的《二十世纪西方文论选读》和朱刚主编的《二十世纪西方文艺批评理论》。这些书籍所介绍的西方文学理论和批评理论，以《二十世纪西方文论选读》为例，包括俄国形式主义、新批评、结构主义、精神分析批评、原型批评、接受美学与读者反应理论、后结构主义、西方马克思主义、女权主义、后现代主义、新历史主义、后殖民主义、文化研究等等。

经过十多年之后，这些理论大多已经被我国的学者消化、吸收，并在外国文学研究领域广泛应用。有人说，外国文学研究已经离不开理论，离开了理论的批评是不专业、不深刻的印象主义式批评。这话正确与否，我们不予评论，但它至少让我们了解到理论在外国文学研究中的作用和在大多数外国文学研究者心中的分量。许多学术期刊在接受论文时，首先看它的理论，然后看它的研究方法。如果没有通过这两关，那么退稿即是自然的结果。在学位论文的评阅中，评阅专家同样也会看这两个方面，并且把它们视为论文是否合格的必要条件。这些都促成了我国外国文学研究理论时代的到来。我们应该承认，中国读者可能有理论消化不良的问题，可能有唯理论马首是瞻的问题。在某些领域，特别是在博士论文和硕士论文中，理论和概念可能会被生搬硬套地强加于作品，导致"两张皮"的问题。但是，总体上讲，理论研究时代的到来是一个进步，是一个值得我们去探索和追寻的方向。

一

如果说"应用性"是我们这套"外国文学研究核心话题系列丛书"（以下简称"丛书"）追求的目标，那么我们应该仔细考虑以下两个问题：第一，我们应该如何强化理论的运用，它的路径和方法何在？第二，我们在运用西方理论的过程中如何体现中国学者的创造性，如何体现中国学者的视角？我们先看第一个问题。十年前，当人们谈论文学理论时，最可能涉及的是某一个宏大的领域，如新历史主义、女性主义、后殖民批评等。而现在，人们更加关注的不是这些大概念，而是它们下面的小概念，或者微观概念，比如互文性、主体性、公共领域、异化、身份等等。原因是大概念往往涉及一个领域或者一个方向，它们背后往往包涵许多思想和观点，在实际操作中有尾大不掉的感觉。相反，微观概念在文本解读过程中往往具有很强的操作性，在分析作品时能帮助人们看到更多的意义，帮助人们更好地理解人物、情节、情景，以及这些因素背后的历史、文化、政治、性别缘由。

在英国浪漫派诗歌研究中，这种批评的实例比比皆是。比如莫德·鲍德金（Maud Bodkin）的《诗中的原型模式：想象的心理学研究》（*Archetypal Patterns in Poetry: Psychological Studies of Imagination*）就是运用荣格（Carl Jung）的原型理论对英国诗歌传统中出现的模式、叙事结构、人物类型等进行分析。在荣格的理论中，"原型"指古代神话中出现的某些结构因素，它们已经扎根于西方的集体无意识，在从古至今的西方文学和仪式中不断出现。想象作品的原型能够唤醒沉淀在读者无意识中的原型记忆，使他们对此作品作出相应的反应。鲍德金在书中特别探讨了塞缪尔·泰勒·柯尔律治（Samuel Taylor Coleridge）的《古水手吟》（*The Rime of the Ancient Mariner*）中的"重生"和《忽必烈汗》（*Kubla Khan*）中的"天堂地狱"等叙事结构原型（Bodkin: 26–89），认为这些模式、结构、类型在诗歌作品中的出现不是偶然，而是自古以来沉淀在西方集体无意识中的原型在具体文学作品中的呈现（90–114）。同时她也认为，不但作者在创作时毫无意识地重现原型，而且这些作品对读者的吸引也与集体无意识有关，他们不由自主地对这些原型作出了反应。

在后来的著作中，使用微观概念来分析具体文学作品的趋势就更加明显。大卫·辛普森（David Simpson）的《华兹华斯的历史想象：错位的诗歌》（*Wordsworth's Historical Imagination: The Poetry of Displacement*）显然运用了西方马克思主义理论，但是它凸显的关键词是"历史"，即用社会历史视角来解读威廉·华兹华斯（William Wordsworth）。在"绪论"中，辛普森批评文学界传统上将私人领域与公共领域对立，将华兹华斯所追寻的"孤独"和"自然"划归到私人领域。实际上，他认为华氏的"孤独"有其"社会"和"历史"层面的含义（Simpson: 1–4）。辛普森使用了湖区的档案，重建了湖区的真实历史，认为这个地方并不是华兹华斯的逃避场所。在湖区，华氏理想中的农耕社会及其特有的生产方式正在消失。圈地运动改变了家庭式的小生产模式，造成一部分农民与土地分离，也造成了华兹华斯所描写的贫穷和异化。华兹华斯所描写的个人与自然的分离以及想象力的丧失，似乎都与这些社会的变化和转型有着密不可分的关系（84–89）。在具体文本分析中，历史、公共领域、生产模式、异化等概念要比笼统的马克思主义概念更加有用，更能产生分析效果。

奈杰尔·里斯克（Nigel Leask）的《英国浪漫主义作家与东方：帝国焦虑》（*British Romantic Writers and the East: Anxieties of Empire*）探讨了拜

伦（George Gordon Byron）的"东方故事诗"中所呈现的土耳其奥斯曼帝国，雪莱（Percy Bysshe Shelley）的《阿拉斯特》（*Alastor*）和《解放了的普罗米修斯》（*Prometheus Unbound*）中所呈现的印度，以及托马斯·德·昆西（Thomas De Quincey）的《一个英国瘾君子的自白》（*Confessions of an English Opium Eater*）中所呈现的东亚地区的形象。他所使用的理论显然是后殖民理论，但是全书建构观点的关键概念"焦虑"来自心理学。在心理分析理论中，"焦虑"常常指一种"不安""不确定""忧虑"和"混乱"的心理状态，伴随着强烈的"痛苦"和"被搅扰"的感觉。里斯克认为，拜伦等人对大英帝国在东方进行的帝国事业持有既反对又支持、时而反对时而支持的复杂心态，因此他们的态度中存在着焦虑感（Leask: 2–3）。同时，他也把"焦虑"概念用于描述英国人对大英帝国征服地区的人们的态度，即他们因这些东方"他者"对欧洲自我"同一性"的威胁而焦虑。

如果我们的目标是批评实践，是用批评理论进行文本分析，那么拉曼·塞尔登（Raman Selden）的《实践理论与阅读文学》（*Practicing Theory and Reading Literature*）一书值得我们参考借鉴。该书是他先前的《当代文学理论导读》（*A Reader's Guide to Contemporary Literary Theory*）的后续作品，主要是为先前的著作所介绍的批评理论提供一些实际运用的方法和路径，或者实际操作的范例。在他的范例中，他凸显了不同理论的关键词，如关于新批评，他凸显了"张力""含混"和"矛盾态度"；关于俄国形式主义，他凸显了"陌生化"；关于结构主义，他凸显了"二元对立""叙事语法"和"比喻与换喻"；关于后结构主义，他凸显了意义、主体、身份的"不确定性"；关于新历史主义，他凸显了主导文化的"遏制"作用；关于西方马克思主义，他凸显了"意识形态"和"狂欢"。

虽然上述系列并不全面，我们现在所使用的概念的数量和种类都可能要超过它，但是它给我们的启示是：要进行实际的批评实践，我们必须关注各个批评派别的具体操作方法，以及它们所使用的具体路径和工具。我们这套"丛书"所凸显的也是"概念"或者"核心话题"，就是为了实际操作，为了文本分析。"丛书"所撰写的"核心话题"共分5个子系列，即"传统·现代性·后现代研究""社会·历史研究""种族·后殖民研究""自然·性别研究""心理分析·伦理研究"，每个子系列选择3—5个最核心的话题，分别撰写成一本书，探讨该话题在国内外的研究脉络、发展演变、经典及原创研究案例等等。通过把这些概念运用于文本分析，达到介绍该批评派别的目的，同时也希望展示这些话题在具体的文学批评中的作用。

二

中国的视角和中国学者的理论创新和超越，是长期困扰国内外国文学研究界的问题，这不是一套书或者一个人能够解决的。外国文学研究界，特别是专注外国文学理论研究的学者，也因此承受了巨大的压力。有人甚至批评说，国内研究外国文学理论的人好像有很大的学问，其实仅仅就是"二传手"或者"搬运工"，把西方的东西拿来转述一遍。国内文艺理论界普遍存在着"失语症"。这些批评应该说都有一定的道理，它警醒我们在理论建构方面不能无所作为，不能仅仅满足于译介西方的东西。但是"失语症"的原因究竟是因为我们缺少话语权，还是我们根本就没有话语？这一点值得我们思考。

我们都知道，李泽厚是较早受到西方关注的中国现当代本土文艺理论家。在美国权威的文学理论教材《诺顿文学理论与批评选集》（*The Norton Anthology of Theory and Criticism*）第二版中，李泽厚的《美学四讲》（*Four Essays on Aesthetics*）中的"形式层与原始积淀"（"The Stratification of Form and Primitive Sedimentation"）成功入选。这说明中国文艺理论在创新方面并不是没有话语，而是可能缺少话语权。概念化和理论化是新理论创立必不可少的过程，应该说老一辈学者王国维、朱光潜、钱钟书对"意境"的表述是可以概念化和理论化的；更近时期的学者叶维廉和张隆溪对道家思想在比较文学中的应用也是可以概念化和理论化的。后两者在这方面做了很多工作，但要在国际上产生影响力，可能还需要有进一步的提升，可能也需要中国的学者群体共同努力，去支持、跟进、推动、应用和发挥，以使它们产生应有的影响。

在翻译理论方面，我国的理论创新应该说早于西方。中国是翻译大国，二十世纪是我国翻译活动最活跃的时代，出现了林纾、傅雷、卞之琳、朱生豪等翻译大家，在翻译西方文学和科学著作的过程中积累了大量的经验。在中国翻译家提出"信达雅"的时候，西方的翻译理论还未有多少发展。但是西方的学术界和理论界特别擅长把思想概念化和理论化，因此有后来居上的态势。但是如果仔细审视，西方的热门翻译理论概念如"对等""归化和异化""明晰化"等等，都没有逃出"信达雅"的范畴。新理论的创立不仅需要新思想，而且还需要一个整理、归纳和升华的过程，这就是我们所说的概念化和理论化。曹顺庆教授在比较文学领域提出的"变异学"就是一个有意义的尝试，我个人认为，它有可能成为中国学者的另一个理论创新。

理论创新是一件重要而艰难的事情，最难的创新莫过于思维范式的创新，也就是托马斯·库恩（Thomas S. Kuhn）在《科学革命的结构》（*The Structure of Scientific Revolutions*）中所说的范式（paradigm）的改变。哥白尼（Nicolaus Copernicus）的"日心说"是对传统的和基督教的宇宙观的全面颠覆，达尔文（Charles Darwin）的"进化论"是对基督教的"存在的大链条"和"创世说"的全面颠覆，康德（Immanuel Kant）的"唯心主义"学说是对唯物主义认识论的全面颠覆。这样的范式创新有可能完全推翻以前人们对世界的认识，从而建立一套新的知识体系。福柯（Michel Foucault）在《词与物：人文科学考古学》（*The Order of Things: An Archaeology of the Human Sciences*）中将"范式"称为"范型"或"型构"（episteme），他认为这些"型构"是一个时代知识生产与话语生产的基础，也是判断这些知识和话语正确或错误的基础（Foucault: xxi–xxiii）。能够改变这种"范式"或"型构"的理论应该就是创新性足够强大的理论。

任何创新都要从整理传统和阅读前人开始，用牛顿（Isaac Newton）的话来说，就是"我之所以比别人看得远一些，是因为我站在巨人的肩膀上"。福柯曾经提出了"全景敞式主义"（panopticism）的概念，用来分析个人在权利监视下的困境，在国内的学位论文中得到比较广泛的应用，但是这个概念来自英国功利主义哲学家杰里米·边沁（Jeremy Bentham）；福柯还提出了一个"异托邦"（heterotopia）的概念，用来分析文化差异和思维模式的差异，在中国的学术界也很有知名度，但这个概念是由"乌托邦"（utopia）的概念演化而来，它的源头可以追溯到古希腊的柏拉图（Plato）和十六世纪的英国作家托马斯·莫尔（Sir Thomas More）。雅克·拉康（Jacques Lacan）对"主体性"（subjectivity）的分析曾经对女性主义和文化批评产生过很大影响，但是它也是对弗洛伊德（Sigmund Freud）心理分析的改造，可以说是后结构主义语言观与弗洛伊德心理分析的巧妙结合。弗雷德里克·詹明信（Fredric Jameson）的"政治无意识"（political unconscious）概念常常被运用在西方马克思主义批评中，但是它也是对马克思（Karl Marx）和路易·阿尔都塞（Louis Althusser）的"意识形态"（ideology）理论的发展，可以说是传统的马克思主义与后结构主义和心理分析的巧妙结合。甚至文化唯物主义和新历史主义批评的两个标志性概念"颠覆"（subversion）和"遏制"（containment）也是来自别处，很有可能来自福柯、雷蒙·威廉斯（Raymond Williams）或其他马克思主义批评家。虽然对于我们的时代来说，西方文论的消化和吸收的高峰期已经结束，但对于个人来说，消化和吸收是必须经过的一个阶段。

在经济和科技领域也一样，人们也是首先学习、消化和吸收，然后再争取创新和超越，这就是所谓的"弯道超车"。高铁最初不是中国的发明，但是中国通过消化和吸收高铁技术，拓展和革新了这项技术，使我们在应用方面达到了世界前列。同样，中国将互联网技术应用延伸至电子商务、共享经济、线上支付等领域，使中国在金融创新领域走在了世界前列。这就是说，创新有多个层面、多个内涵。可以说，理论创新、方法创新、证据创新、应用创新都是创新。从0到1的创新，或者说从无到有的创新，是最艰难的创新，而从1到2或者从2到3的创新相对容易一些。

我们这套"丛书"也是从消化和吸收开始，兼具**学术性、应用性**：每一本书都是对一个核心话题的理解，既是理论阐释，也是研究方法指南。"丛书"中的每一本基本都遵循如下结构。1) 概说：话题的选择理由、话题的定义(除权威解释外可以包含作者自己的阐释)、话题的当代意义。如果是跨学科话题，还需注重与其他学科理解上的区分。2) 渊源与发展：梳理话题的渊源、历史、发展及变化。作者可以以历史阶段作为分期，也可以以重要思想家作为节点，对整个话题进行阐释。3) 案例一：经典研究案例评析，精选1–2个已有研究案例，并加以点评分析。案例二：原创分析案例。4) 选题建议、趋势展望：提供以该话题视角可能展开的研究选题，同时对该话题的研究趋势进行展望。

"丛书"还兼具**普及性和原创性**：作为研究性综述，"丛书"的每一本都是在一定高度上对某一核心话题的普及，同时也是对该话题的深层次理解。原创案例分析、未来研究选题的建议与展望等都具有原创性。虽然这种原创性只是应用方面的原创，但是它是理论创新的基础。"丛书"旨在增强研究生和年轻学者对核心话题的理解和应用能力，进一步扩大知识分子的学术视野。"丛书"的出版是连续性的，不指望一次性出齐，随着时间的推移，数量会逐渐上升，最终在规模上和质量上都将成为核心话题研究的必读图书，从而打造出一套外国文学研究经典。

"丛书"的话题将凸显**文学性**：为保证"丛书"成为文学研究核心话题丛书，话题主要集中在文学研究领域。如果有社会学、经济学、政治学领域话题入选，那么它们必须在文学研究领域有相当大的应用价值；对于跨学科话题，必须从文学的视角进行阐释，其原创案例对象应是文学素材。

"丛书"的子系列设置具有一定的合理性：分类常常有一定的难度，常常有难以界定的情况、跨学科的情况、跨类别的情况，但考虑到项目定位和读者期望，对"丛书"进行分类具有相当大的必要性，且要求所分类别具有一定体系，分类依据也有合理解释。

在西方，著名的劳特利奇（Routledge）出版社在二十世纪八十年代曾经陆续出版过一套名为"新声音"（New Accents）的西方文论丛书，产生过很大的影响。这个系列一直延续了二十多年，出版了上百种书籍，至今还在延续。我们这套"丛书"也希望能够以不断积累、不断摸索和创新的方式，为中国学者提供一个发展平台，让优秀的思想能够在这个平台上呈现和发展，发出中国的声音。"丛书"希望为打造中国的学术思想和学术派别、展示中国的视角和观点贡献自己的力量。

张剑

北京外国语大学

2018年10月

参考文献

Bodkin, Maud. *Archetypal Patterns in Poetry: Psychological Studies of Imagination.* London: Oxford University Press, 1934.

Foucault, Michel. *The Order of Things: An Archaeology of the Human Sciences.* New York: Vintage Books, 1970.

Leask, Nigel. *British Romantic Writers and the East: Anxieties of Empire.* Cambridge: Cambridge University Press, 1992.

Simpson, David. *Wordsworth's Historical Imagination: The Poetry of Displacement.* New York: Metheun, 1987.

前言[1]

先从几本术语词典说起。M.H. 艾布拉姆斯（M. H. Abrams）的《文学术语汇编》里有"作者"专门条目，而且篇幅不短；从其后列出的阅读书目可知，从古罗马、中世纪到文艺复兴，作者理论的研究十分扎实。他的学术底色是以《镜与灯》为代表的浪漫主义研究，所以在他的《诺顿英国文学选读》（*The Norton Anthology of English Literature*）[2]和其他著述论文中，他对作者这一话题不能忘怀是可以理解的。安德鲁·本内特（Andrew Bennett）的《关键词：文学、批评与理论导论》中也有"作者"专门条目，虽然主要集中在罗兰·巴特（Roland Barthes）《作者之死》的论说上。他为"新批评术语"（The New Critical Idiom）系列写过一本《作者》（*The Author*），对作者的关注顺理成章。其他的诸多现实则令人担忧，如在后来的《文学理论核心术语》一书中，直接没有了"作者"这个条目，和"作者"相关的条目也不多见。

这种情况可能是对作者研究和作者理论的误解和重视不足。如果一个人说自己的学术方向是作者研究，下一个问题紧接着就会是：哪个作

1　本书的写作受到中国人民大学2017年度"中央高校建设世界一流大学(学科)和特色发展引导专项资金"支持。
2　该作品未出版中译版，中文作品名为本书作者个人翻译，故括号内补充原作品名。本书此类情况参照此做法，不再特别说明。

者？这是一种思维定式。作者研究就是研究作者。无论英美，不计东西，作者总归是有相通之处的，这个相通之处就是作者研究的内容。具体的作者研究是研究一个人何以成为作家，作家何为。比如研究一个名叫威廉（William）的小镇少年为什么后来能够成为大文豪莎士比亚（William Shakespeare），包括他的教育背景、人生阅历、写作动力、素材来源，他与读者、观众还有同事的关系，他的产生与时代的联系，他的写作与戏剧传统的关系，他在戏剧艺术方面的创新、拓展、突破和成就，还有他对写作的期望，他写作的初衷与收获，他的文学思想等。他写作不倦不仅与世俗的收获有关，也与他对文学的看法即文学思想有关。莎士比亚和任何一位作家一样，有自己对文学的看法。他的文学思想表现在戏剧人物的台词中，在他的十四行诗中。他通过人物表达对戏剧的看法，在诗行中寄寓对所写文字的期望，这就是他的文学观、诗人观和作者论。这样看莎士比亚就是作者研究视角下的莎士比亚。

作者研究是对人的研究，对一个人的研究不应该止于作品，也应该关注他/她的思想形成、特质养成，他/她对写作、对文学的期待，他/她从事写作的动力源泉等等。关注作者的这些方面，就像我们全面地关注一个人一样。作者是敏于感知的人，他们每一天的每一个际遇都能成为写作的素材。我们看到作家生平，一定要问的问题是：他/她如何成为作家？造就他/她成为作家的条件、特质是什么？这是我们理解一个作家之所以选择写作的基本点。他/她为什么写这个题材？为什么采用这样的写法？这样写如何被接受？他/她的作品如何开始文化旅行（作品被翻译、被评价的过程）？他/她的形象如何在文学史中确立？这些问题都值得关注。学习文学的方式有很多种，文学可以有多种充满魅力的讲述方式。作家的经历和思想构成作品的底色。从作者出发，我们不但学习了作品，还学习了人。知人知文，这是基于作者研究的文学学习。作者研究可以是对一个作者的研究，也可以是对一个群体、一个流派的作者的研究，还可以是对作者普遍性问题的研究。

这种研究不能不借助理论和方法。作者是一个人，一种职业，一种类属，一个群体，一种存在，一种特质，一种生活方式，一种生产方式，一种传播方式，一种意义的确立，一种价值观，一种伦理。这种理论层面上对作者普遍性的研究就是作者理论。

作者研究一直都是文学研究的核心话题之一。本书首先对国内外作者研究的发展脉络进行系统的梳理，以作者理论的不同历史阶段为分期，以重要思想家的作者论为节点，将思想家作者论、作者形态论、作者范式论、作者观念史，以及作者核心词的构成与演变研究融会贯通、追溯总结。我们会发现，作者理论经历了作者中心论、走向边缘、作者消解论、建构与重生这几个不同阶段。这是本书在"渊源与流变"中阐述的主要思想。

然后，在"经典案例分析"一章中，我对最有影响的两篇论文进行了回顾和评析。断言死亡是容易的，重建却艰难而必要。在"作者研究的突围与创新"中，我对作者研究的理论突围与方法创新进行了努力。通过作者研究经典案例评析和作者研究原创论文，作者研究的方法得以阐释示范。在"研究发展趋势与建议"中，我对作者研究趋势进行了展望，并为感兴趣的研究者提供了一些研究选题，这里有我对作者理论研究的期待。最后是"推荐文献"，希望有更多的人能够打开其中罗列的书卷。

出于对作者理论缺席的惶恐和对作者理论研究重要性的信心，当外研社提出在"外国文学研究核心话题系列丛书"中设置"作者"这一话题的时候，我充满期待。这是拼接完整的文学理论版图的好机会。

这是一条漫长的路，需要同行者的不断加入。这是一个敞开的话题，欢迎任何与作者有关的讨论，无论故知新解，抑或新知高论。

刁克利

中国人民大学

2018年10月

第一章 | **概说**

1.1　话题缘起

在文学世界中，作者的地位似乎应该是不言自明的。文学作品是作者写的，作者是文学的源头，守着文学开始的地方。文学作品因为作者而产生，因为作者而存在。所以，作者似乎应该处于文学研究的中心，至少是文学理论最开始的地方。

我们周围的文学现象也在不断证明并强化这个朴素的观点。我们的文学教科书依然以作者的名字作为每个章节的标题，然后才是他们的作品选段和讲解。诺贝尔文学奖授予的对象是作家，而不是具体的一部作品。报刊策划人和读者对于作家访谈依然热衷，研究者也希望从访谈中获悉作家的经历和思想对他们创作的影响。很多时候，我们因为作家的名声才去阅读他们的作品。所以，作家是作品的创作者，是文学的缔造者，是最初赋予文学意义的人。这似乎是如日出日落一样朴素而自然的道理。

然而，文学研究却让我们看到与此相悖的事实。简单地将作品分析等同于作者研究，成为普遍的认识和现象。即使冠以作者研究之名的专著，其具体内容也多是一章一章按照时间顺序排列的作品阐释与分析。这是个作者研究被借用和误用的时代。文学研究期刊上的论文绝大多数是作品的研究和阐释，从文学论文的数量来看，这是个作品中心的时代。从纷繁多变的研究视角和方法来看，这是个以读者为中心、以阐释者为中心的时代。作者研究渐行渐远。

文学理论还告诉我们一个惊世骇俗的观点：作者死了。在这个消费的时代，作为上帝的读者自然重要；在这个权威消解、诗意远去的时代，文学阐释者自然可以享有最大的自由。然而，读者的诞生是否必须以作者的死亡为代价，作者死亡如何意味着意义和权威的丧失？读者与作者的边界和关系是否需要重新界定？如何界定？是否有融合交集的可能？如何实现？意义和权威如何与作者相联系？这种联系因何确立，如何拆解，是否需要重构？要理解作者，必须理解读者与作者的关系；要说清作者，不但要说清作者在文学理论中的位置，还必须阐明作者与权威、意义、自由和消费的联系。

作者问题一直是文学中最敏感的话题之一。对作者的看法历来就是理论纷争之地。在漫长的历史中，作者曾因不同的名义被驱逐、被质疑、被利用、被消解，也以不同的方式被吁请、被呼唤、被膜拜、被推崇。对作者的质疑连绵不绝，对此的辩护也从未停止，双方总是如影随形。可以说，历史上每一个文学观念的转折或每一次文学风尚的重大改变，首当其冲的是对作者之用的质疑与拷问。

早在柏拉图身上，我们就发现了诗性与哲学的分裂。出于对城邦保护者进行道德教化的考虑，由于模仿说世界观的影响，也因为对诗歌感染力的嫉妒，作为最具诗性的哲学家，柏拉图提出了将诗人驱逐出理想国。从此诗人就开始了永久的流浪，也为自己进行了长久的辩护。他的弟子亚里士多德（Aristotle）从诗歌与历史的区别出发为诗人进行了辩护。在文艺复兴时期，斯蒂芬·高森（Stephen Gosson）和菲利普·锡德尼（Sir Philip Sidney）就诗人的道德性进行过激烈的辩驳。到了浪漫主义时期，托马斯·洛夫·皮科克（Thomas Love Peacock）说文学应该让位于科学，诗人是文明社会的半野蛮人，雪莱则高歌诗人是人生百艺的发明者。要请回作者，必须申述文学与哲学的边界、文学与历史的分野、文学与道德的界限，以及文学与科学的区别。

在当代文学研究领域，从将作品分析简单等同于作者研究的做法中，我们发现了文学研究版图的缺失。在文学理论对作者的消解和拒斥中，我们看到了当代文学理论的极端和对文学的背离。由于这种种偏颇和背离，当代文学研究和文学理论遗漏了许多本来对于文学十分重要却未得到重视的命题，留下了许多本应解决却未予解释的空白。于是，我们看到了这样的现象：在一个强调以人为中心的世界里，本该加强作者研究，作者死了的说法却大行其道。在理论异常丰富的时代，却有理论死了、理论之后的话语不断重复。

某一种理论会死亡，理论却不会。某一位作者死了，作者却永远与文学相生相随。作者对于文学的重要性有待重申，作者在文学理论中的地位需要重构，作者的身份和角色需要重塑，作者被边缘化乃至消解的历程亟待追踪，作者的未来和前景需要昭示。

对于作者的认识，需要从头说起。

1.2 作者界说

关于文学的作者，通常使用的称谓有诗人、作家和作者。诗人、作家和作者是同一概念的不同表述和言说。这既是文学创作种类不同的体现，又是不同时期称谓的沿革，由此产生的对作者的不同定位更反映了文学观念的演变（刁克利，2010：100）。

作者是什么？一个简单公认的定义是：作者指一篇文章、一本书的写作者。文学作品的作者则视文学作品的体裁而定，有时被称为诗人，有时被称为小说家，有时被称为作家。即使不提及他/她的某一个作品，一个人也可以被称为诗人、作家。可见，作者与具体作品相联系，诗人和作家则不一定和具体作品相联系，而是指代从事写作的一类人。也就是说，作者、作家和诗人虽然可以指同一个人，但这三个概念本身是有区别的。

"作家"这个词是在"写作"这个动词后面加了表示人的名词后缀，表示从事文学创作有成就的人，出现在文学市场繁荣、写作人不依靠资助就能生活的年代。作家与写作有关，和诗人一样，可以指人的职业、身份和生存方式。作者和作品有关，按照《现代汉语词典》的解释，作者指"文章或著作的写作者""艺术作品的创作者"。从这个词的英语构成来讲，"作者"（author）意味着"权威"（authority）。在《理想国》(卷二) 中，这个词意味着"原因""缘起""源头"（cause）、"创造者"（creator）、"负责任"（be responsible for）等，如英文版中说 "Let this then be one of our rules and principles concerning the gods, to which our poets and reciters will be expected to conform — that God is not the author of all things, but of good only"（Jowett: 18）。同样的意思在文中其他地方也用过 cause。朱光潜对后面这一句的翻译是："神不是一切事物的因，只是好的事物的因"（柏拉图：27）。这里的 author 被译成"因"，意为"原因""起因"。《诺顿文学理论与批评选集》中的英文是："God is not responsible for everything, but only for good"（Plato, *Book II*: 53）。这说明，"权威""原因""负责任"都是"作者"的应有之意。

无论中西，"诗人"这个词一开始都是和神灵、创造者联系在一起的。汉字"诗"由两部分组成：语言、言辞或言说的"言"和寺庙的"寺"。"诗"即寺庙中的语言或与寺庙有关的语言。显而易见，这个词和神灵、神谕有关。英文的"诗"（poetry）来源于古希腊语 poiesis，即"神性支配的艺术"。与之相对，凭借人力心智从事的艺术被称为 techne（技艺）。一切与文相关的都是神圣的。刘勰在《文心雕龙》中说："文之为德也大矣，与天地并生者，何哉？……言之文也，天地之心哉！……道沿圣以垂文，圣因文而明道"（刘勰：6）。文为天地之心，为圣人之言，为道之文。"虽中国古代的道不同于西方的神，但在有关作者的看法上，有一点是类似的，那就是他们都将写作的人看作另一个隐秘作者道或神的代言人"（余虹：53）。诗人只有通过神灵附体获得神力，才能创作出伟大的作品。这种观念在西方文论中源远流长。荷马（Homer）在《奥德赛》中说："缪斯便鼓动歌人演唱英雄们的业绩，演唱那光辉的业绩已传扬广阔的天宇"（荷马：131）。另一位大诗人赫西俄德（Hesiod）在《神谱》的"序曲"中讲到他在赫利孔山上牧羊时，诗神教他歌唱（赫西俄德：26）。

柏拉图发挥了希腊文化中的灵感说，用灵感神授说明诗人创作的源泉，用迷狂说解释诗人的创作状态，提出了诗人是神的代言人的著名论断。"凡是高明的诗人，无论在史诗或抒情诗方面，都不是凭技艺做成他们的优美的诗歌，而是因为他们得到灵感，有神力凭附着"（柏拉图：8）。这个观点在新柏拉图主义和中世纪神学中得到了不间断的发展。新柏拉图主义创始人普罗提诺（Plotinus）用太一流溢说阐述了神性、心灵与现实的关系。他确切表示：心灵若有神明（普罗提诺：241），理式存在于艺术家心中，参与艺术的创造（246）。这种神性说经由后世文论家的论证逐渐注入诗人的心灵，融入诗人的情感，成为诗人之所以为诗人的特殊标志。

几乎和诗人神性说同样久远的还有诗人模仿说。柏拉图基于理式世界、现实世界和艺术世界的三重世界说提出了诗人是模仿者的观念。他把文艺定位为理式世界的模仿，形象地称诗人为持镜人，镜子从此成了西方文学关于模仿说的一个最基本的比喻。文学是生活的一面镜子，这成为现实主义文学思想最直观的表达。亚里士多德认为，模仿是文学的特性，艺术模仿的世界同样真实，且比现实本身更具有典型性和哲理性。他用诗的普遍性原则和典型性创作方法补充了柏拉图的镜子说，奠定了现实主义传统的理论基础。此后，作者是现实生活的模仿者的观念深入人心。到了现实主义时期，巴尔扎克（Honoré de Balzac）将小说家的使命表述为担任法国社会的秘书，将作家视为诲人不倦的教师："作家在道德上、政治上应有定见，他应该充当诲人不倦的教师"（巴尔扎克，《人间喜剧》前言：9）。巴尔扎克的论断和雪莱"诗人是世间立法者"的断言出现的时间相差无几(雪莱，1990：177)。他们都毫不怀疑地相信，作者是这个世界的描写者、意义的赋予者，为世间万物立法，为人类指引前进的方向。

与作者神性说和模仿说并行，几乎自诗人诞生之日起就存在的一个问题是诗人的作用，即诗人的实用性或者功用说。在《理想国》中，柏拉图从培养城邦保卫者的政治需要和道德要求出发，提出对诗人进行审查，把诗人驱逐出理想国。诗人有自身的目的，还是要为外在于诗的社会、人生服务？从此，对诗人的责难和辩护构成了旷日持久的论战，诗人的放逐成为了一种宿命。对诗歌服务对象的不同解释和辩护，也成就了一部长长的作者功用史。

对诗人独特禀赋和特殊作用的认识经历了漫长的变迁。到了近代，出于对理性主义的怀疑，叔本华(Arthur Schopenhauer)将艺术的欣赏和创造看作有效的解脱之途。他认为，真正的大诗人的创作必定能够反映全人类的内心生活："诗人是人类的一面明镜，他使人类意识到自己的情感和憧憬"(叔本华：399)。在现代，与精神分析相对应，荣格提出作为艺术家的个人是具有极为特殊命运的人，是人类集体无意识的代言人："作为一个艺术家，他便是一个更高意义上的人 —— 他说集体的人(collective man) —— 这种人负荷着和体现着人类的下意识(无意识)的心灵生活。为了完成这个艰巨任务，他有时候必须牺牲自己的幸福，牺牲一切使得人生对于寻常的人值得生活下去的东西"(荣格：368)。为了摆脱语言的技术化和信息工具化的现代魔力，海德格尔(Martin Heidegger)提出了"诗意地栖居"的观念。"诗意是人类居住的基本能力"(海德格尔：199)。"只要善良的赋予持续着，人便长久地成功地幸福地运用神性度量自身。当这种度量转化时，人由诗意的特别本性创造出诗歌。当诗意适宜地出现时，那么人将人性地居于此大地之上"(200)。在人类精神陷入黑暗的夜半时，是诗人守在意义的源头，唤醒人们的神性。诗人是诗意栖居的守护者。

由于文学的特殊性与重要性，作者也被赋予了深厚的希望和不寻常的使命。千百年来，人们把作者当作神的代言人、人性的代表、知识的源泉、照亮人类道路的明镜，是人类无意识的代言人，甚至是拯救人类精神生活的希望。作者角色的演变和不同定位反映了人与世界的关系和人对世界的认识，反映了人与人的关系和人对自身的认识，反映了文学对于世界的作用和意义及人们对文学的深切期盼。

除了丰富的古典理论资源，当代学者也对作者理论进行了多维度、多层面的开拓和探索。美国学者艾布拉姆斯所提出的"艺术批评的诸种坐标"为作者研究奠定了理论基础。在《镜与灯》的导论部分"批评理论的总趋向"中，艾布拉姆斯用三角形构建了一个"艺术批评的诸种坐标"，将艺术家（artist）、艺术品（works）、世界（universe）、观众（audience）称为艺术批评的四要素（艾布拉姆斯：3）。如果我们将艺术批评四要素描述为文学批评的四要素，它们则分别对应作者（author）、文本（text）、世界（world）和读者（reader）。作者是文学批评的四要素之一。作者研究是以作者为中心，建构作者与文本、世界、读者的关系的文学批评。与此相对的是以世界为中心的文学批评、文本中心论和读者中心论。

作者研究可以通过不同的范式展开。除了传统作者观中作者所体现的神性、人性、道德属性和精神特质，还有物性的考察维度，例如瓦尔特·本雅明（Walter Benjamin）命名的作者作为生产者（producer）（Benjamin：85）[1]，以及巴特界说的作者作为书写者（scriptor）（Barthes：5）。俄罗斯学者瓦·叶·哈利泽夫（В. Е. Хализев）界定了三个方面的作者：艺术作品的创作者、涵纳于艺术文本之中的作者形象、内在于作品之中的创作者（哈利泽夫：68-69）。

福柯在《作者是什么？》中进一步拓展了作者研究的理论视野。他提

1　文中引用部分为本书作者个人翻译，故参引括号内仍保留引用作品作者的原名。本书此类引用参照此做法，不再特别说明。

出了作者功能说，概括了两种作者的存在：一是实际存在的作者，二是虚构的叙事者。他不仅谈书的作者，还谈到了跨话语的作者(transdiscursive author)，提出了原始作者(fundamental author)和间接作者(mediate author)等概念。福柯的作者功能说实际上确保了多重作者的存在，从而打破了将作者囿于一种批评视野方法的局限：每一种批评方法都有一个作者，每一种批评方法都有一种作者观。

总之，现代作者增加了很多新的命名与定义，作者研究可以从不同层面展开。首先是重要思想家的作者论，比如柏拉图的诗人论、亚里士多德的诗人论、华兹华斯的诗人论、雪莱的诗人论、巴特的作者论、福柯的作者论等。

其次是作者形态论。它是对不同形态的作者理论的研究，主要关注不同文学思潮和理论形态中的作者，比如浪漫主义、现实主义、形式主义、女性主义、解构主义、新历史主义等对作者观念的描述和研究。每一种形态都可以自成一体，独立研究。研究者主要采用共时研究的方法，结合文学史进行论述。

再者是作者范式论。它主要关注作者的不同形象和作者观念的范式演变，比如作者作为神的代言人、作者作为创造者、作者作为生产者、作者作为书写者等不同范式。这类研究可以聚焦重要思想家的作者论，也可以将同一范式的作者作为一个类属，贯通不同思想家对作者形象的相似论述——既可以是点的研究，也可以是观念形成和演变过程的面的研究。

还有作者核心词的构成与演变研究。它以描述作者的核心词为研究对象，比如灵感、通感、想象力、白日梦、精神分析、创作与游戏、作者主体性、作者身份、作者创造力、作者心理机制、作者创作机制、作者接受机制等。

最后是作者观念史研究。这是将以作者为核心的关键词以及与作者相关的关键词进行历史梳理与延伸，作为作者理论研究的线索。比如探讨诗人、小说家、剧作家、网络作者及其他类型的作者的产生、发展与演变，考察作者与文本、读者、世界的关系，考察作者理论与文本理论、读者接受的关系。我们可以借鉴并综合作者形态论和作者范式论的研究方法与成果，把不同历史时期的线索串联起来，考察作者观念的生成、发展和演变。

就具体研究内容而言，作者理论可以包括思想家作者论、作者形态论、作者范式论、作者观念史，以及作者核心词的构成与演变研究。以上各方面既各自独立，又相辅相成；既可以是对作者理论整体发展演变的描述、追溯和分析，也可以是对特定历史时期作者理论的产生与发展的研究。总之，总结和应对关于作者的种种质疑和挑战，是作者理论研究的应有之义。

1.3　当代意义

作者研究的当下意义是通过它所受到的彻底否定而显示出来的。它之所以引人关注，不在于对作者重要性的强调，而在于对作者存在的颠覆；它之所以成为话语中心，不是因为它受到的热议和追捧，而是因为它作为靶子受到的攻击和回应。它在被宣布死亡时出场，在被质疑为何物中显现。说得更具体些，现代作者理论在对作者之死的宣告中出场，在对作者是什么的质疑中显现。这是现代文学理论诸多疑惑和矛盾中最为奇特的一点，集中反映和标志现代文学理论的特征。

巴特的《作者之死》彻底断绝了作者与文本的联系，引发了文学理论的转向。一方面，这是自形式主义、新批评和结构主义以来偏重文本研究的结果；另一方面，它对读者接受理论、女性主义和新历史主义等产生了巨大影响。众多当代文学理论家都论及过作者问题，且从不同角度对作者之死进行过阐释、反思、质疑和重建。

国内外研究大致分四个方面。一是分析作者问题与文学理论转向的关系。文本中心论、读者中心论和文化研究先后取代作者中心论，成为现代文论的主流。这是国内外文论的普遍描述。二是质疑《作者之死》所引发的文学意义的消解，揭示其所引起的文本中心论、读者中心论和意义解构的负面影响。这是很多以作者之死为主题的论文的研究重点。三是追溯作者身份的建构与著作权的关系，提出现代意义的作者是一种与资本主义意识形态相伴而生的文化建构。四是尝试重建新型的作者理论，提出不同的作者概念，呼唤作者回归，并对作者理论进行多方面的重构。这些内容见于肖恩·伯克（Seán Burke）的《作者理论读本：从柏拉图到后现代》（*Authorship: From Plato to the Postmodern: A Reader*）与《作者之死与回归：巴特、福柯与德里达的批评与主体性》（*The Death and Return of the Author: Criticism and Subjectivity in Barthes, Foucault and Derrida*），以及威廉·欧文（William Irwin）主编的《作者之死与重生？》（*The Death and Resurrection of the Author?*）等。国内外研究的共同不足是：对作者问题的研究主要停留在文本阐释层面，即使对作者之死的观点有过反思与批判，但仍然受制于巴特所框定的作者与文本的关系。虽然对其质疑不断，却鲜有突破。

在当下语境中重提作者研究，注定不会和时下的文学理论话语轻易合流，却与文学理论的走向密切相关。二十世纪中叶之后，文学理论的发展趋势从两方面提供了参考。反面的教训是，离开了作者的文学理论没有出路，离开了作者的文学理论难以突围。作者之死之后的小说之死、理论之死、理论之后等等，就是明证。积极的启示是，一切新的文学理论都是对传统作者权利的争夺和作者理论的变体。

重视作者问题，是回到文学的源头和根本，是重视文学研究中人的因素，重视文学的诗性特征。果能如此，文学研究才不会沦为文学的背叛者，才真正是文学最有力的辩护者和最坚定的同行者。

第二章 渊源与流变

2.1 作者中心论

作者问题和文学的起源一样古老。一部文学作品产生之后，接下来的问题一定是：这样的文学作品是谁写的？他/她何以能够写出这样的作品？文学缘何产生？益处何在？口头文学作为最早的文学形式，也面临同样的问题：作者是什么样的人？他/她何以能够吟唱？他/她的才能和灵感来自何处？这类文学有什么用？可以说，作者问题是文学研究必须首先回答的问题，否则，文学研究的开展难以令人信服。

文学问题和作者问题相生相随，文学理论和作者理论难分难解。很多时候，对作者问题的论述就是文学理论，对文学的阐发就是对作者的定位和判断。古代的诗是现代意义上文学的主要种类，文论家用诗代表文学，对诗人的看法和论述即对作者问题的表达。所以，在古典文论中，诗论即文学理论，诗人论即作者理论。

西方文学中第一个著名的作者是荷马，第一个对作者问题进行了比较系统回答的思想家是柏拉图。因此，我们从柏拉图对荷马的论述开始。

《荷马史诗》的伟大无须赘言，而《荷马史诗》的创作却是难以解开的谜。《荷马史诗》描写了一个人神共处的时代，描绘了众多神界与人间的英雄。《伊利亚特》对十年特洛伊战争的叙述从阿喀琉斯（Achilles）的愤怒写起，剪裁得当，高潮迭起。《奥德赛》十年返乡路的历程也是从中间讲起，精彩纷呈。这部史诗不仅讲述了古代的战争，还讲述了人类的智慧，诸神的纷争，人与人、人与神、人与妖的关系，涉及英雄、亲情、家园、荣誉、智慧、诱惑等多个主题。《荷马史诗》代表了诗的荣耀，对古希腊人有深入而广泛的影响。但荷马作为一个盲人，何以能够吟唱出两部堂皇瑰丽的长卷史诗？这是很容易想到却很难解释清楚的问题。荷马过世之后，他的许多追随者像他一样继续吟唱朗诵史诗，被称为诵诗人。这种吟唱现场感很强：诗人手舞足蹈，如醉如痴；观众亦深受感染，情不自禁。这是可以通过《伊安篇》里诵诗人伊安（Ion）的描述得到的印象。

2.1.1 三重世界中的诗人

柏拉图对荷马何以能够写出史诗的疑问从这里开始。伊安是古希腊诵诗人，擅长朗诵《荷马史诗》。苏格拉底路遇伊安，伊安正兴高采烈地从诵诗比赛现场载誉归来。苏格拉底先是奉承伊安，表达对诵诗人的羡慕，然后问他诵诗的技艺从何得来，他何以能够朗诵荷马的史诗，却不能同样出色地朗诵其他诗人的诗篇。后来，两个人对话（实际上是苏格拉底的诱导）的焦点集中在一个问题上：诗人的才能是来自神启，还是自我习得？神启指的是灵感神授，即诗人的创作才能来自天赋灵感，是先天赋予的；自我习得指通过学习训练来增进本领和技能。

苏格拉底抛出了一连串的问题，步步紧逼，层层追问，终于使可怜的伊安承认，诗人不懂军事而写战争，不会驾车而写驭手，不懂诗艺而作诗。这样推导出来的结论是，诗人写诗时的迷狂如祭司舞蹈时酒神附体，连他们自己都难以解释清楚诗歌的来源和真义。所以，荷马的创作靠的是天赋灵感，而不是后天习得的个人才能。这就是柏拉图的灵感神授说。他这样说并不是推崇荷马，相反，却是要证明诗人并没有真正的才能。诗人的吟唱不是靠自己的本领、知识、见解和才能，而完全是为神代言。柏拉图用灵感神授表述诗的来源，用迷狂表述诗人创作的状态。其灵感说与迷狂说并不是要抬高诗人，而是要证明诗人的无知。

　　他还发现，诗人对神的描写既不真实，亦无善意。他说，神是善的因，一切好的，都归因于神，一切不好的，因要从别处寻；而人间之事，不如意者多，凡不如意之事，不能归咎于神（Plato，*Book II*：52–53）。但在诗人的描写中，神的形象显然不是这样至善至纯，神也会愤怒，也会嫉妒，也会报复，等等。依照柏拉图看来，这些都不是神的真实面目。即使是，诗人也不应当如此描写。如果不得不写，则只能告知有限的人。他给诗人立下了的规矩：凡是写到神的地方，只能说神是好的（53）。但在他看来，诗人违反这个规矩的地方太多了。所以，他提出了对诗人的审查，这正是出于他对诗人之善的不信任，对神的描写的不信任，对诗人所起到的教育作用的不信任。要之，柏拉图对诗人的断言是：诗人无知，亦不善。

　　除了解释诗人创作的迷狂说，柏拉图还在《理想国》(卷十)中用模仿说阐发了他对文学本质的认识。在他看来，世界有三重：一是理式世界，神居其中，无始无终，永恒无变，至真至善；二是现实世界，人处其间，是理式世界之模仿、影像，易变而无常；三是艺术世界，是艺术家的作品构成的世界，是现实世界之模仿，是理式世界、至真至善世界之模仿的模仿，是影像之影像。所以，他说文学艺术作品属于拙劣与拙劣的结合，生下了更为拙劣的后代（Plato，*Book X*：76）。他以三种床比喻他所谓的三重世界。理式之床乃神的创造；木匠仿照理式造床，为人的造物；艺术家模仿木匠之床。理式之床为万物的楷模，木匠之床有实际用处，模仿之床则既不真，亦无用。诗人之模仿，如持镜照四方，无非是对现实中已有之物的描摹照写（69）。这种模仿既不能传达真知识，又不能教人认识真理。所以，柏拉图得出的另一个结论是：诗的本质是不真实的，不能反映真相，无助于说明真理，即诗人不真，亦无益。

　　柏拉图对诗人模仿本质的讨论是基于他的三重世界说，而他对诗人模仿对象的讨论是基于他构建的理想国蓝图，他希望城邦保卫者能够节制、理性、有德行。所以，他寄希望于诗人来负责城邦保卫者的教育，起到教化理性的作用。诗人既有模仿的本领，又能够引起观众的赞赏，那他们模仿的究竟是什么呢？对此他不得不警惕。他的经验告诉他，诗人模仿的内容大多是感性的，是压制理性、滋养欲念的。比如悲痛时，人们倾向于克制隐忍，竭力保持镇静，而诗人却会在诗歌中对悲痛大肆渲染，引动人心中柔弱的部分，使人放纵自己本该压抑的情感。所以，诗人的模仿不但拙劣无益，而且有害。

出于对诗人的不信任，柏拉图提出了将诗人驱逐出理想国的观点。诗人具有迷人的魅力，这一点他是承认的，并且为之折服。单就吸引力而言，他认为诗和哲学不相上下，"哲学与诗的争执自古有之"（Plato, *Book X*: 69）。所以，虽然在很多方面诗人不能令柏拉图满意，他还是希望在理想国中给诗人一席之地，他设定了诗人回来的条件：诗人必须为自己辩护，辩护中要说明诗不仅令人愉悦，而且有益于城邦及人类的生活，即诗既要有用，又要愉悦（80）。如果能够让人信服，诗人就可以回来，进入理想国。诗人凭什么写作？诗到底是什么？诗人有什么用？对这些问题，如果不能给予回答，诗人将被判在理想国门外候审。人类早期作者即诗人的命运就这样被判定了，诗人的流浪漂泊成为一种宿命。从此，对诗人的辩护必不可少，成为作者理论史上一个反复出现的变奏主题。

柏拉图是西方作者理论的奠基者。他提出的三种观念——作者灵感说、作者模仿说、作者功用说，均影响深远，构成了西方作者理论的基础。对其三种作者观念的补充、修正、反驳和辩护，构成了西方作者理论流变的主潮。他的灵感说虽然旨在说明诗人无知（没有真知识）、无识（没有自己的见识）、无能（没有真本领和才能），却也能够引发另一个方向的阐释：作者神秘化，作者超凡入圣，作者与众不同。在《伊安篇》中，他说诗人是一种轻盈的、长着羽翼的、神圣的存在，能够在诗神缪斯的花园翩然飞舞，在流蜜的泉源中畅饮（Plato, *Ion*: 41）。诗人放弃意识，陷入迷狂状态，直接领受神灵的启示作诗，凭借着神力，像磁石一样传达诗歌的感染力。他因此总结了诗人的第一种角色：诗人如祭司和预言家，是神的代言人，陷入迷狂，被神凭附，传达神谕。在《斐德若篇》中，他论及能够得到灵感的诗人的条件是：温柔贞洁的心灵（柏拉图：111）。在他灵魂轮回说的九个层级中，灵感型诗人位于第一层，是最接近神灵的人（115）。灵感型诗人轻盈而神圣，敏感而纯洁，这是柏拉图定义的诗人获得神启、进入迷狂状态、写出好诗的特质和条件。很多后来者更愿意把柏拉图的这种论述当作是对诗人的正面评价，写作靠灵感从而成为十分普遍的看法。诗人神圣，诗人是预言家，这种信念极大地滋养了浪漫主义文学的创作。雪莱在《西风颂》中实践了这样的信念，在《诗之辩护》中发挥并明确了这样的观点，且以之为荣。

柏拉图的模仿说旨在说明诗人不真，诗人拙劣，诗人撒谎，诗人无益，却也从另一个方面道出了诗的本质。诗如镜，诗人是持镜人，文学模仿现实，反映社会与人生，这种观念深入人心，构成了现实主义文学思想的基础。

他以文学功用说为诉求提出了建立诗歌审查制、驱逐诗人和要求诗人辩护的思想，这既影响了当权者的文艺政策，也预示了诗人的宿命。为诗人辩护，说明文学之用，不仅成为文论史中的常见现象，引发了多次针锋相对的思想交锋，甚至法庭对峙，还带来了诗人被驱逐、流放、关押、受刑等悲剧后果。

柏拉图提出的作者理论几乎涵盖了作者问题的方方面面，成为文学研究的重要理论范畴，比如灵感、迷狂、模仿、诗之真、诗之知、诗之用等等。可以说，他的思想几乎触及了后来所有的文学问题。而他对这些问题的论述及其结论也留下了巨大的矛盾和思辨空间。比如，他以灵感说明诗歌的来源，以迷狂阐述写诗的状态，以磁石论说诗的感染力，那么，除了神力，诗写感性，诗摹人生百态，只归咎于诗人？如果说诗只滋养欲念、放纵情感，那诗以何为？还有，如果诗人不能传达真正的知识，那么，文学之知与现实之知或哲学之知的异同何在？如此等等，有待后来者辩解答复。

看待柏拉图的作者理论时，我们应该意识到，其洞见和矛盾并存，卓识与极端杂陈。洞见富于启示，矛盾值得追问。

柏拉图作者理论和文艺思想矛盾的个中原因在于：他是贵族世家出身，自小有政治抱负，认为文学应为政治服务。他建立了完备庞大的哲学体系，他论文学、论诗人，是哲学家论诗。诗论是其哲学思想的一部分，哲学在先，诗论附和哲学。他的观点之所以引发困惑，从形式上看可归因于著述的对话录形式。他以苏格拉底为对话中心人物，所有观点由苏格拉底说出，柏拉图之思与苏格拉底之言，殊难区分。所以，对待柏拉图思想，需审慎辨析，领悟后发问，思而后答，在其整体哲学体系构架中思考其作者理论与文艺思想，兼顾其政治理念与抱负，方有所得。

柏拉图师从苏格拉底八年。苏格拉底辞世后，柏拉图念念不忘，终生向往，将老师的音容笑貌、思想话语注入自己著述的字里行间，如临如摹，如描如绘。其对话录不仅忠实记录了老师的思想，还尽力还原了老师的风仪行状。柏拉图是苏格拉底的得意门生，其对老师的爱戴与仰慕，使二者在作品中"蝶我难分"。

在对格罗康（Glaucon）表示他对荷马的敬佩时，柏拉图写下了苏格拉底曾说过的一句话："尊重人不应该胜于尊重真理"（柏拉图：67）。柏拉图的学生亚里士多德肯定也记住了这句师门精髓，他也如此向自己的老师致敬：我爱我师柏拉图，我更爱真理。作为柏拉图的得意门生，亚里士多德光大了柏拉图的思想，研究、总结并奠基了许多学科。亚里士多德对柏拉图的爱，同时也体现为针锋相对的观点，至少从他的诗论上看是如此。

2.1.2　诗人在人间

亚里士多德对诗的研究方法是分类研究，从定义入手，分析其构成要素，逐一论述，佐以例证，阐发观点。这种研究方法针对性强，容易传授和掌握。他的诗学思想集中体现在他的讲义《诗学》中。

诗人为什么能够写作？诗歌何以发生？这是亚里士多德首先回答的重

要问题。诗歌起源于人模仿的本能，正如人类通过模仿学习知识一样。诗人喜欢模仿行动中的人，因模仿的天性而写作（亚里士多德：5）。这是亚里士多德对诗歌发生的解释，他移除了柏拉图所谓神授灵感的说法。虽则两人都用模仿来解释，模仿之意却有本质的不同。亚里士多德之模仿，在于模仿现实中的人，而不在模仿理式世界。诗人之所以写悲剧，或写喜剧，也是因为诗人的个性不同。庄重严肃的诗人创作悲剧，乐观的诗人创作喜剧。诗之不同，还因诗人采用的文类不同。悲剧模仿较为高尚的人，喜剧模仿较为低劣的人。诗人所写的人物或优或劣，是因为人原本如此，所以，诗人非撒谎之辈，或拙劣之徒。诗人出于自己的模仿天性喜欢写作，而非灵感神授，亦非迷狂无知。诗写人生，诗写自然。所以，诗人在人间有正当存在的理由。

亚里士多德的《诗学》用了很大的篇幅解释各个诗类的不同写法，他在论悲剧的情节时提出了诗人的职责以及诗与历史的区别。他说，诗人的职责不在于叙述已经发生之事，而在于描述可能发生之事 —— 根据或然性或必然性而将会发生的事情（11）。诗人与历史学家的真正区别不在于写作形式是韵文还是散文，而在于历史学家叙述已经发生之事，诗人写可能之事。"因此，诗较历史更有哲理、更为重要，因为诗偏于叙述一般，历史则偏于叙述个别"（11–12）。这是亚里士多德对诗人的定义。通过这样的定义，他划定了诗的独特领地。这也是他对诗歌存在正当性的辩护。

在给悲剧下定义时，亚里士多德说，"它以行为的人来表演而不作叙事，并凭借激发怜悯与恐惧以促使此类情绪的净化"（8）。诗激发怜悯与恐惧，这正是柏拉图诋毁诗人的论据之一，而亚里士多德则通过强调这两种情绪的净化，说明诗的目的不仅仅在于引发这两种情绪，更为重要的是，诗对于所描写的感情能够起到宣泄和净化的作用。诗并不是滋养这些情绪，而是使之宣泄、净化和升华。这是亚里士多德对诗歌之用的辩护。

《诗学》提出了诗的分类，分析并列举了各类诗体的要素和例证，是早期较为全面的、从理解诗人的角度提出的集创作指导、鉴赏指南和批评

教科书为一体的诗论大全。可以说，亚里士多德是诗人的朋友。他还专门
在第二十五章总结了批评家对诗的五种非难，包括不可能有、不合情理、
伤风败德、自相矛盾和技术不对，并悉心罗列了十二条应对之策，以回答
对诗的责难。

　　虽然亚里士多德只字未提柏拉图对诗人的责难和放逐，但他的《诗
学》实实在在是有针对性的辩护。尽管亚里士多德竭尽全力，似乎圆满地
回答了所有关于诗的质疑、责难，我们还需承认他的老师更为智慧。柏拉
图提出的关于诗和诗人的问题构成了作者理论的基本命题，根本不可能一
次性解答完毕，需要一代代人去面对，去思考，去回答。他对诗和诗人的
责难也成了一种规律性现象，过一段时期总会出现，因而也总是需要为诗
人辩护。文学的发展没有尽期，对作者的责难和辩护也才刚刚开始，双方
的交锋来日方长。柏拉图是作者理论史上最巨大的影子，这个阴影自产生
起就从未消失。他的空白需要填补，他的矛盾需要调解，他的责难需要应
对。亚里士多德的答辩只是第一次回应。这是一次影响最为深远的间接交
锋，发生在人类历史上一位著名的老师和他最著名的学生之间。

　　作者理论就是这样在责难和辩护中发生和发展起来的。这种提出责难
和回应辩驳的模式构成了西方作者理论的一大景观，不断反复出现。如果
把亚里士多德与柏拉图的种种不同看成是作者理论第一次言而未宣的分
歧，高森与锡德尼的交锋、雪莱对皮科克的反击则分别是文艺复兴时代和
科学主义时代关于作者的激辩。对作者的驱逐、贬损甚至侮辱不绝于耳，
为作者慷慨激昂的辩护也应声而起。作者理论就在这种激辩和对垒中发展
和演变。形式主义对作者的否定，乃至作者之死的提出，不过是这种驱
逐、拒斥作者的声音的再次变异和极端表达而已。同样，我们也应该给予
同等响亮的回应。

2.1.3　诗艺与诗人的判断力

柏拉图提出的对诗的辩护要证明"诗不但是愉快的而且是有用的"这一观点，得到了古罗马诗人贺拉斯（Quintus Horatius Flaccus）的回应。贺拉斯对诗之功用的证明主要依据他的创作经验。贺拉斯诗人论的特点是：他是一位诗人，他的《诗艺》是诗人论诗。这不同于柏拉图以哲学家和政论家的身份论诗，其哲学思想和政论思想限制了诗论的表述；也不同于亚里士多德以学问家和批评家的身份论诗，即将诗作为一种学问、一门学科。他们对诗的论述和见解无论多么精彩高妙，总是与诗有隔膜。这是哲学家和批评家论诗与诗人论诗的最大不同。贺拉斯作为诗人论诗，主要从诗之道、诗之创作经验谈诗。他对于诗和诗人，有天然的亲近感，因为谈的都是自家事。将诗作为独立的对象来谈，符合诗的特点，既不是把诗框定在特定的哲学和理论中，也不是把诗限制在特定的视角和研究方法内。诗人论诗是就诗论诗，是经验的积累与总结，既是创作秘籍，又是鉴赏力的高度提炼。

从诗论的体裁和内容上讲，贺拉斯的《诗艺》是写给朋友的诗体书信，是与朋友谈自己对诗和诗人的认识。兴之所至，随意而发，洋洋洒洒，几乎论及了诗与诗人的各个方面：谈诗意、诗法、诗人，论创作，说批评，可谓面面俱到。《诗艺》的确是诗人学习创作、修养自我和助力成长的有益参考。从创作之道入手谈诗和诗人的修养、写作素材、写作心得，以及诗人对待批评的态度等，这都是真实经验的传授。《诗艺》并不以理论和思辨见长，而是以例证和经验服人。这实际上开启了一个新的种类：作家文论研究。其特点是主要从作家的角度看文学，注重作者创作论和作者角色论。对其悉心研读揣度，将有利于作家的培育与成长，有利于文学的繁荣与发展。

贺拉斯的《诗艺》第一次明确了诗歌寓教于乐的特征，为好诗树立了标尺，同时也开启了诗人论诗的传统和诗人经验的传授之道。如果从培养作家和创意写作的角度看，亚里士多德的《诗学》是讲授类型文学写作

(主要是悲剧) 的范本, 贺拉斯的《诗艺》则是论述诗道和诗人修养的佳作。作家文论与理论家文论的不同在于: 作家文论具有独特性和原创性, 成一家之言, 传一己之道, 有鲜明的时代与个人特色, 可供揣摩研习; 理论家文论, 如亚里士多德方法论的优势在于, 从概念出发, 总结提炼, 可以照本套用。

《诗艺》在创作论上下了很大功夫, 关键的一点即写作要适度、合适。诗人虽有想象的权利, 也不可想入非非, 不合常理。不管什么作品, 都力求朴素统一、匠心独运、精益求精。更重要的是, 要选择力所能及的题材, 如果所选主题能够胜任, 自会条理清晰, 不乏言辞之精彩。条理之美就在于恰如其分地交代该写之事。

关于创作的论述集中于 "诗意篇" 与 "诗法篇"。在 "诗法篇" 中, 贺拉斯论题材、论词汇、论体裁、论台词、论传统、论创新、论剪裁、论性格、论情节、论歌队、论音乐、论谐剧、论悲剧、论格律、论戏剧史, 各有其妙。题材要选择力所能及的, 词汇方面要小心细致、下足功夫、取舍得当、巧于安排, 使陈词出新意, 新词表新意, 表达更完美。

> 古往今来都铸造有时代烙印的字 …… 人间万事无不朽, 语言光彩不长明: 许多久已废弃的词汇也可能复兴, 今日盛行的可能衰落, 因习惯而定: 习惯的势力是语言的标准和法令。(贺拉斯: 42)。

天才的作品各有不同的主题和风度, 诗人要善于学习, 多加揣度。体裁要得当, 主题要适宜。

贺拉斯在论述了诗意诗法之后, 又专门论述了诗人的思想修养、寓教于乐的诗学主张、瑕不掩瑜的创作思想和力争上游的原则。他在对诗歌历史的回顾中论及了诗人的光荣, 论述了天才与技艺的关系, 提醒诗人在面对阿谀奉承和善意批评时要采取不同的态度, 最后还警示了佯狂诗人的危害和下场。

关于诗的经验，他倾囊相授；对于诗人，他耳提面命，将自己的体会心得娓娓道来。一部《诗艺》，是诗人留给诗人的箴言。除了"诗意篇"和"诗法篇"的具体论述外，关于诗人对待批评的态度，他还给出了许多具体建议。其具有影响力的主要观点如下：

首先，诗人要有正确的见识和良好的判断力。他说，"一切佳作的源泉在于正确的见识"（贺拉斯：52）。这句话的另一种翻译是："要写作成功，判断力是开端和源泉"（亚里士多德、贺拉斯：154）。良好的判断力（sound judgment）是指作家应该知道该写什么和怎样写，是诗人的思想深度、道德倾向、知识积累与生活经验的综合体现。从写作内容的选定、素材的运用，及至相应的写作形式，都与此相关。

要获得这种见识和判断力，一是向古典学习。古为今用，是文学创作中的普遍原则和行之有效的法则。凡是优秀的诗人，大多都是这方面的表率。向古典学习，向经典作家学习，这样的思想永不过时。二是向生活学习。贺拉斯和亚里士多德一样，将艺术看作是人对生活的模仿。诗人向现实生活学习就是要"懂得对国家、对朋友的义理，敬爱父兄的孝悌，接待宾客的礼仪，元老应尽的义务，法官应秉的正义，奉命出征的将军应如何厥尽其职"（贺拉斯：53）。理解国家、友朋、家人，懂得各行各业的职责，能教会诗人把人物写得合情合理。诗来自于生活，言词来自于习俗。诗要有切实的内容。这些话和道理都很平实。

其次，诗人应尽量做到寓教于乐。他提出诗人的目的"在于教益或在于娱乐，或者在诗中使娱乐和教益相结合"（54）。他的寓教于乐说实际上是强调诗的思想性与艺术性的统一，这样作品才会流芳后世。贺拉斯又历数了诗人的光荣。洪荒时代，诗人是先知和神巫，制止过林居蛮族的残杀和卑污的生活，驯服过雄狮猛虎，还弹琴使得顽石点头听命，帮助筑建城墙。远古的诗圣划分公私，区别僧俗，禁止淫乱，定礼婚姻，建立秩序，铭刻法律。他明确指出，诗人的任务在于"传达神谕，指示人生的道路"（57）。诗鼓舞人心，抚慰劳动苦辛。所以，神圣的诗人才赢得荣誉，靠诗名不朽。对诗要有敬畏之心，亦要勇于追求。诗是雅事，却非易事。诗人的声望是靠诗人的贡献挣来的。贺拉斯对诗之目的的论述直接回应了柏拉图提出的为诗人辩护必须遵循的两个原则，即证明诗的目的在于教益和娱乐，或寓教于乐。

其三，写诗要无所求。诗人要远离铜臭，谨防金钱和名利的腐蚀。贺拉斯说，"希腊人不追求甚么但求诗坛盛誉，诗神授以天才和珠圆玉润的诗句"（贺拉斯：53）。诗人一旦被现实的欲求和金钱的贪欲玷污，便不能指望他/她写出好诗。贺拉斯的诗论很明显地加入了现实性原则，即时代氛围会影响诗人，铜臭会玷污诗神。后来他在批评中提到要防止阿谀逢迎，也有深刻的现实意义。

其四，写诗要有天才，更需要磨砺。好诗靠天才还是技艺，是个自古就有的问题。贺拉斯答道，"依我看，勤功苦学而无天生的品赋，或者虽有天才而无训练，皆无用处，因为两者必须彼此协助互相亲睦"（57）。诗人必须要有天才，有天生才华、非凡心灵、高尚吐属，才不愧为真正的诗人；同时，诗人即使真有天才，也必须要刻苦训练。他通篇都在谈如何磨砺诗艺，如何加强诗人的修养和学习。所谓天才，神秘而不可道，说天才重要，可能是古训遗音使然，因而他并不展开论述，只是一带而过。重点在于论述诗人的见识、学习和磨砺。诗艺需要磨砺，这是他一再强调的观点。

其五，诗人要有对待批评的正确态度。写诗要力求一流，做到最好；写诗要千锤百炼，悉心推敲。任何事情都可以有庸才，惟有诗人必须要力争一流，做到最好。诗如画，有的只堪一看，有的则任凭批评家的锐利目光扫过千万遍。好诗要百读不厌，就要千锤百炼。作者自己既要认真修改，仔细推敲，又要虚心接受批评，善于听取不同意见。在论述诗人如何对待批评时，贺拉斯充分显示了诗人的幽默和擅长写人状物的特点。一要警惕虚假的批评。他举例说，富裕的人如果作诗，不要读给施过恩惠的人听。人们对财富的敬意和对其所施恩惠的感激会遮蔽真诚的意见。听者会因感激之情而言不由衷地高呼赞美即便只是庸常的诗作。在贺拉斯看来，有钱人写诗得到真心的赞美不易。询问诗的意见要避开阿谀逢迎之徒："正如雇来的哭丧人往往嚎啕大哭，几乎比真心的孝子还要凄切痛苦，所以讥笑者比真心赞美者更悦服"（贺拉斯：58）。二要虚心求教，虚心对待真正的批评。要找真正的批评家，讥笑者的意见甚至更令人信服。真正的批评家必定严厉，必定多提修改意见。诗人自己要严格要求，多修多改。

最后，诗人的外表和行为都不要太张狂。诗的荣光靠的是诗人对于人类的贡献，靠的是诗人的天分、修养、勤奋，加以精心的构思、选词，以及虚心接受批评，反复修改，不断完善，非供癫狂之徒效之、游之、玩之、戏之。在"诗人篇"的"引论"中，他批评诗人不剪指甲不修容貌，甚至不理发不洗澡，回避浴场的尘嚣，不请理发匠代劳。仿佛如此，"就必定赢得诗人的光荣和雅号"（52）。《诗艺》最后一节"佯狂的诗人"，尽显贺拉斯的幽默和诗才。他讽刺佯狂诗人的笔力极为辛辣。如果一个人因作诗而佯狂，乃至坠入井底，也只好生死由他/她去，这样的诗人并无可同情之处。写诗对于这样的人是一种诅咒。"谁也不明白他为甚么一定要做诗？也许他曾侮辱祖坟或者亵渎圣地，所以他丧心病狂，自命为骚人雅士"（59）。此等诅咒可谓大矣！贺拉斯的意思大抵是：作诗是高尚荣耀之事体，非浅薄狂徒之行径。

贺拉斯的《诗艺》所论虽有散淡琐碎之嫌，然涉及诗人之问题种种，无不点到。所谓真知灼见，不在论证是否严谨，不在体系是否完备，惟针对流弊，切合实际，闻之如悟道，读之能受益。用诗回复书信，是诗人本色。以诗论诗，乃贺拉斯之独特处。其诗论自创一体，影响深广。

良好的判断力可以作为核心词概括贺拉斯对作者理论的贡献。贺拉斯论述了判断力对于作者的重要性，揭示了作者的特质，把柏拉图所谓诗人创作时的神启迷狂，亚里士多德所论诗人的天性，引向了对作者特质的讨论。从作者角度论述素材来源、写作法则和诗的艺术，以及对待批评的态度，是作家文论的特点。贺拉斯从作者的角度探讨创作，开启了作家文论的先河。

2.1.4　崇高与诗人的心灵

如果说柏拉图、亚里士多德和贺拉斯的诗人论都是文以人贵，朗吉努斯（Longinus）则是人以文显。朗吉努斯的身世和生卒时间不明，《论崇高》之所以影响深远，纯粹是因为文章写得好。朗吉努斯承续了贺拉斯关于作者特质的讨论，其贡献在于进一步明晰了心灵与风格的密切关系，给作者理论增加了崇高这一元素。他的著名观点是，崇高的风格是伟大心灵的回声，作者风格之崇高在于心灵之伟大。他把作者理论中关于作者特质的论断具体化，并展开了理论意义上的探讨。他的方法更学术，《论崇高》可以看作文学理论与文学批评相结合的典范。

《论崇高》是朗吉努斯有感而发，应时而作。他开篇讲到，他和友人读到一篇论崇高的文章，虽然是个好题目，却不是一篇好文章。他决定就此论之。他认为，之所以出现那样拙劣的文章，是社会文化风尚使然。当时的文坛充斥着浮夸、矫情之风，这些都是假冒的崇高，混淆着人们对崇高的认识，写作者浑然不知，读者亦不能判断。所以，识别伪崇高的种种表现，提高鉴赏能力，是当务之急。界定真正的崇高，论证崇高的来源，是重要的责任。朗吉努斯指明崇高难寻的原因在于堕落的社会风尚，这是难能可贵的见解。

崇高既是自然景观，又是人之天性，更是诗人创造之目的。崇高首先是一种伟大的事物和景观，它存在于生活中，存在于森罗万象的宇宙中，存在于造化万物中。同时，崇高也是一种植根于我们心灵的热情与渴望。"它一开始便在我们的心灵中植入一种不可抵抗的热情——对一切伟大的、比我们更神圣的事物的渴望"（朗吉努斯：114）。它既是自然界中的客观存在，又作用于我们主观的热情。再者，对崇高的向往是人生的目的，是人之为人、诗人之为诗人的特质，它引导我们去发现、欣赏、领悟与创造。要之，崇高是一种自然造化，也是人对自然的领悟；是诗的本质和诗人创作的目的，也是诗人与读者能够共同欣赏的诗之境界。诗之所以引人奋进，让人精神昂扬，原因正在于其崇高的本质，在于诗人追求崇高的天性、向往和创造。

崇高带来的感染力是文学的特征和魅力所在。其作用方式与柏拉图所言迷狂近似，却又有本质的不同。朗吉努斯用崇高更换了柏拉图迷狂说的内核，将外在神秘的神授灵感改装成了创造者与接受者共享的心灵震撼，将崇高这一修辞学的范畴扩大到了美学和文艺学的领地，将不知所云的迷狂状态改进为人生之目的与诗人的天性追求和创造的境界，同时以崇高描述诗的特殊目的和特征，并以崇高提炼、汇聚、命名、统辖了亚里士多德所论诗人天性中的优良属性。

朗吉努斯没有简单化地提出"崇高"的概念，而是用论文的主体部分论述崇高的来源及崇高品质的培养。崇高有五个来源，一是庄严伟大的思想，二是慷慨激昂的热情，这两个因素主要依赖天赋；其余三个则是构想辞格的藻饰，高雅的措辞，尊严和高雅的结构，它们来源于技巧。

> 崇高的风格是一颗伟大心灵的回声。所以，一个素朴不文的思想，即使不形之于言，也往往仅凭它本身固有的崇高精神而使人赞叹。……雄伟的风格乃是重大的思想之自然结果，崇高的谈吐往往出自胸襟旷达志气远大的人。（朗吉努斯：84）

崇高的风格来自于伟大心灵、重大思想、旷达胸襟和远大志气。无论如何理解心灵、思想、胸襟、志气，这些都是人的品质。朗吉努斯将风格与人格并置，突出了文学的人格要素，和"诗言志"的中国诗论传统相契合，与亚里士多德的"诗歌出自人的天性"思想一脉相承，也是浪漫主义诗人柯尔律治所谓"诗即诗人"观点的先声。如果说文学即人学，那么，从朗吉努斯的角度，他看重的是文学即诗人之学。他是从诗人创作的角度看待这个命题的。如果说风格即人，那么这个风格指的是作者的风格。所以，朗吉努斯的《论崇高》看似是从修辞学、文体学、风格论入手，实际上却构成了作者理论的重要理论来源。

　　诗的风格即诗人人格的投射。朗吉努斯关于伟大风格的两种习得途径说也是论述伟大人格的培养方式：一是到大自然中去陶冶伟大的心灵，二是从古典作品中汲取伟大的精神。时长日久，自会养成庄严伟大的思想和慷慨激昂的热情，铸就伟大的人格。

　　想象是构成诗人崇高风格的一个重要范畴。想象是将思想和感情外在形象化的一个重要手段。深刻的思想和充沛的感情可以激发诗人丰富的想象，使其领略和描绘崇高的意境。同样，读者通过想象可以更好地理解诗人的思想和情感，实现二者的沟通和共鸣。真正的崇高让诗人欢欣，令读者快乐，使人精神高扬。诗人的崇高产生于心灵的伟大，思想的崇高，感情和想象的密切联系与相互作用。对思想、感情和想象关系的论述也是朗吉努斯的理论贡献。

　　对天才的重视是古典作者理论的一个重要特征，探讨先天禀赋和后天技艺之间的关系是古典作者理论的一个普遍现象。朗吉努斯的天才论延续了天才与技艺的关系讨论的传统。他强调天才，在崇高的五个来源中，把前两个来源归为天赋，是后三者的基础。对天才的强调是古典作者理论的普遍观点，朗吉努斯的天才论一方面附和了这一观点，另一方面却把天才论引向了不同的方向。他所谓天赋论，即人生而得之，生性使然。追求崇高，追求宏大，是人之为人的本能，并不是玄而又玄的东西。《论崇高》因而自始至终可以看作是对天才的颂歌，是对人性中崇高天性的赞美，是崇高天性论，是将人作人论，而非神启之天赋灵感论。这种天赋和柏拉图所说的天赋有本质不同，这是一个重要的转折。

　　同时，他主张天才也需要训练和自觉。崇高的天性可以培养，可以完善，而且培养有道，磨砺有方。他所总结的崇高的五个源泉既可以看作是天才的特征，又可以看作是天才培养的途径。他和贺拉斯一道为天赋进行了符合现代意义的解释，也使得诗既需要天才又需要约束和训练的观点成为共识。贺拉斯其实并不关心天才，只是说天赋和训练同时作用，缺一不可。他的侧重点在于说明诗人的修为与训练，并不在于阐述天才的特征和来源。朗吉努斯对天才特征的描述和来源的论述为天才论增添了新的内容。

崇高的天敌是奴性和冷漠。在对崇高进行了定义和对五个来源进行详尽阐述之后，朗吉努斯对制约甚至扼杀崇高天才的原因有了清醒的认识。他指出了真正的崇高在当时缺失的社会政治原因。在朗吉努斯的时代，举世环顾，崇高不再。令诗人为之痛心者，一是奴性的教育对天才的桎梏与扼杀，二是物欲和冷漠对人心的腐蚀。

朗吉努斯相信，诗人需要政治制度的保障，自由的制度是诗人自由发挥才能的土壤。而在当时的罗马，"我们好像从童年便受到社会的奴性教育，不但自从我们心灵还是幼稚时便在风俗习惯的襁褓中培养，而且我们从未尝过辩才的最美好最丰富的源泉——自由。所以我们没有表现甚么天才，只有诌媚之才"（朗吉努斯：122–123）。这种奴性教育显然不利于天才的成长。"任何奴隶状态，不论它如何合理，都可以比作心灵的铁笼，人人的监狱"（123）。较之于社会制度与奴性教育，对天才的败坏"更应归咎于我们内心的无穷无尽的祸乱，尤其是那些今日占据着蹂躏着我们生活的利欲"（123）。财富带来"挥霍"，"挥霍"生下"浮夸""虚荣""奢侈"等，这些都会侵蚀诗人，败坏崇高的心灵。对天才败坏影响最甚者，莫过于人们内心的祸乱与贪欲；对崇高腐蚀最深者，莫过于心灵的冷漠。崇高既然是心灵的回声，物质的贪欲和心灵的冷漠必定腐蚀诗人，导致崇高难寻。奴性与贪欲是崇高的敌人，政治制度、时代氛围和社会文化则会影响诗人。《论崇高》的时代性是一大特色。

朗吉努斯作者理论的独特性在于提出了崇高这一核心概念。与此相关，朗吉努斯对作者理论的贡献有三方面。一是密切了诗人心灵与创作的关系，指出诗人的天性是追求崇高，这是诗人之所以为诗人的主要特征。二是对崇高的来源进行了具体论述，这实际上是提出了诗人可以培养的理念。从文学批评的角度论述诗人的培养和成长，这为文学批评如何帮助文学创作、如何帮助作者树立了典范。文学批评和文学理论可以为作者服务，可以指导文学创作，可以促成文学创作与作者成长。这对创意写作教育也有启发。三是将诗人与政体、时代、社会的关系提到了新的高度，指出了政体制度对天才的影响。自由民主是天才的摇篮，专制和奴役是对天才的扼杀，贪欲和冷漠是对诗人心灵的腐蚀。诗人的产生不但需要天生心灵崇高，需要主观努力，还需要良好的适宜天才成长的政治环境，需要适合文学发生发展的社会土壤。

艾布拉姆斯说，"只消以诗这个表示美的属性替代朗吉努斯表示质的术语'崇高'，便可将《论崇高》的绝大部分理论吸收到浪漫主义模式中来"（艾布拉姆斯：112）。因而，朗吉努斯的《论崇高》既是美学著作，也是作者理论研究的重要组成部分。同样的说法可以用于普罗提诺的《九章集》，只需要用"诗"替代普罗提诺的"美"，用"作者"替代普罗提诺的"艺术家"，就可以将《九章集》看作是作者理论的重要篇章。

2.1.5 美与艺术家的心灵

普罗提诺是新柏拉图主义者。所谓"柏拉图主义者"，乃是说他继承了柏拉图的思想，延续了柏拉图以理式世界、现实世界与艺术世界构建的三重世界框架，认同三重世界之间的模仿关系。所谓"新"在于他阐述了三重世界的新关系。

柏拉图对三重世界之间的模仿关系和对诗人或艺术家模仿方式的论断实在过于简单，其镜子说并不能充分说明现实如何反映理式。亚里士多德把模仿归因于人的天性，指出模仿是文学产生的原因，并没有说明诗人天性与常人天性有何不同。贺拉斯说现实生活是诗的素材，并没有说明素材如何转化为文学作品，以及文学中的生活与现实生活为何不同。

"太一"（The One）是普罗提诺学说的基础概念。他认为，一切存在都源于一个无限绝对的本原"太一"，或称之为"神"，太一的渐次流溢成就了世界万物。普罗提诺用太一流溢说充实、完善了现实世界与理式世界的关系。他通过揭示艺术家心灵的作用方式说明了艺术模仿的本质和艺术创作的原理，解释了生活素材变成文学作品(艺术品)的关键在于诗人(艺术家)的心灵，诗人(艺术家)心灵的独特构造和作用方式赋予了素材现实诗意。

普罗提诺《九章集》的第一卷第六章"论美"是集中体现其美学思想的重要篇章。他首先对美进行了分类论述，从视觉、听觉等感觉逐步上升到美的事业、美的行为、美的学问，以及道德品质的美。在这之上，还有一种高于一切的、更为真实的美，即理性之美。物体美是因分享了理性而产生的。分享理性是普罗提诺的一个重要论点，也是他将太一流溢说的不同层次贯穿起来的思想支点。最高的美不是视觉所能见到的，而要用心灵去判断，去观照。

> 心灵一旦经过净化，就变成一种理念或理性，变成毫无形体，纯粹理性，完全属于神明的东西，而神就是美的源泉，是一切和美同类的事物的源泉。所以心灵一旦化为理性就显得更加美，因为那时心灵已经是真正独立的心灵。所以人们说得很对，善与美使得心灵有若神明。(普罗提诺：241)

在普罗提诺的学说里，心灵的作用得到了特殊的强调。美即纯净，是心灵不断净化的结果。心灵的丑即掺杂和混淆，受到了尘世物欲的玷污。

普罗提诺引用《荷马史诗》中的话，提出让灵魂返回故乡，也即返回灵魂的来源。"让我们逃回到我们亲爱的故乡吧，在故乡才能听到最真挚的忠告！……我们的故乡是我们所由来的地方，我们的父亲就在故乡里"(243)。于是，人类的灵魂中便存在着一种永恒的向往和冲动，想要摆脱尘世和欲念的束缚，重返本真，重返灵魂的故乡。返回灵魂故乡的方法是运用内心视觉观照，使得心灵习惯去看美的事业、美的行为、善良的人们的行为、立德立功的人们的心灵。

　　其实，这里讲的是心灵的陶冶和美的发现。心灵必须是崇高的、神圣的，必须有对美原初的、本原的记忆、向往和自觉追求。有记忆，是因为每一个心灵都有对美的理念的分享。这种分享可以是后来的集体无意识，也可以是天才的特质，可以说是诗神的恩宠，也可以说是"老吾老以及人之老，幼吾幼以及人之幼"[1]的情怀与"先天下之忧而忧"的胸襟[2]。艺术家的心灵必须是美的。他们有对美的记忆、传承，及至自觉的追求，乃是使命使然。他们明确自己作为艺术家的使命，自觉寻找美、发现美、表现美，挥洒人间诗意，谱写天籁之曲。

　　普罗提诺所传达的精神观照和审美体验实际担负起了人类神性回归的使命。艺术创造和美的观照就成为人类自我洗濯清洁的一种途径，以诗来承担精神拯救的使命，借助艺术和审美，使人类超越尘世的束缚，实现神性的回归。普罗提诺对美和艺术的这种期望，在浪漫主义诗人论的发展中，将得到悠长的回应。德国古典哲学家弗里德里希·威廉·约瑟夫·冯·谢林（Friedrich Wilhelm Joseph von Schelling）曾说，"超凡脱俗只有两条路：诗和哲学"（谢林：17）。约翰·克里斯托弗·弗里德里希·冯·席勒（Johann Christoph Friedrich von Schiller）所谓"感伤的诗人"（席勒：245），表达的便是自我与自然再度合一的理想。

　　在《九章集》第五卷第八章"论理性美"中，普罗提诺用石头为例说明艺术家心灵的创造和艺术之美：一块是未经加工的顽石，另一块是经过艺术加工的雕像。

　　　　这块由艺术加工而成就形式美的石头之所以美，并不因为它是石头（否则那块顽石也应该像它一样美了），而是由于艺术在放进石头之前就早已存在于那构思者的心灵中；而且这理式之所以存在于

1　语出《孟子·梁惠王上》。
2　语出范仲淹《岳阳楼记》。

艺术家心中，也不是因为他有眼睛和双手，而是因为他参与艺术的
创造。所以，这种美是在艺术创造中的，是高级得多的美。（普罗提
诺：246）

自然的石头之所以成为美的雕像，乃是由于艺术所赋予它的那种理
念。这种理念先存在于艺术家构思的心里，是艺术家将自己心灵中存在的
美的理念纳入了石头，使自然为理念所征服。因此，艺术是一种更高级更
真实的美。艺术美高于现实美，这是普罗提诺的必然结论。艺术既来源
于对自然的模仿，又可以回溯自然事物的根源——理念，更是艺术家的
创造。三者的完整统一才有了艺术品的产生。普罗提诺对艺术家心灵独
特作用的阐述，是艺术美高于现实美的理论基础。

普罗提诺还提出了这样一个观点："没有音乐就没有音乐家，是音乐
创造出音乐家来，而且是先验的音乐创造出感性的音乐"（247）。理念的
流溢作用于艺术家的心灵。理念是第一位的，流溢灌注于艺术家的心灵，
才有了艺术家的创造。理念既是造就艺术家的源泉，是艺术家努力的方
向，又说明艺术和音乐自有使命。是音乐连结了音乐家和听众，是艺术的
理念连结了艺术家与观众。这就引出了艺术除了自身之外是否有更高的目
的，以及艺术家如何服务于该目的的命题。这些命题都在荣格那里得到了
回应。

普罗提诺为作者理论留下了几个核心概念：净化、回归、理念与美。
净化是向善的路径，观照理性美的方式，是调和、沟通、跨越现实与理性
之矛盾的路径，也是艺术家心灵的独特作用方式和创作机制，是心灵的方
向和目的。回归是理性之美的存在，艺术的目标，心灵的方向，诗与哲
学、艺术的至圣之境，创造的目的，灵魂之源、之始、之终。

理念也是普罗提诺的核心词，在把理念看作思想基础和前提这方面，
普罗提诺与柏拉图一脉相承。不同的是，普罗提诺的理念既是始，也是
终，是自足的、自我丰盈圆满的，既滋养万物，归化万物，成就世界之

美，又是万物之旨归。美存在于万物，有各种外在表现，是理念的外化、外溢与具象化，理念之可视可见者为美。理性至美的境界是存在即美。自我净化是发现美、观照美、回归美的关键。"如果把理性认识加以分类，就要区别理性的美和善，美是理念所在的地方，善在美的后面，是美的源泉"（普罗提诺：244-245）。艺术和心灵不仅要发现美，揭示美，更要发掘美之背后的善。

综上，普罗提诺对柏拉图的改进之处在于以太一流溢说和心灵的中介作用贯通了三重世界说。普罗提诺的太一流溢说与柏拉图的理式说不同，流溢是始也是终，是源泉、目的和方向。灵魂、理性等的分层与贯通使流溢说更加严密、具体和完整。普罗提诺从根本上说明了性本善，也论述了心灵的特殊性——纯洁、自律、向往洗脱杂质，也以此说明艺术的拯救与神性的回归相依相连，带出了艺术的神性特征和艺术拯救人生的观念。这在后来的发展中会得到更意味深长的回应。

他的流溢说使模仿说有了正当的理由，即正当化了模仿说：艺术的模仿高于现实，比现实更美。他强调了艺术家心灵的作用：艺术家的创作不是灵感神授，其心智也没有失去理性，陷入迷狂，不知所云，而是因分享理式得以具备感知本原之美的能力（246）。艺术家的心灵是美的，具备独立、自主、自觉的创造能力。心灵连接现实与理念，通过观照与创造，使得艺术更美。艺术家的心灵不再是被动地接受神灵凭附，而是具有感知的本能；不再失去理性不知所以然，而是运用理性进行观照。艺术创作不是简单机械地照镜子模仿，而是自觉主动地净化自身而创造。创造在于艺术家心灵的净化。

他赋予净化以实质的内涵和更深刻的意义。净化是创造的过程、目的和本质，"一切美德都在于净化"（240）。与亚里士多德说净化是文艺的一种功能不同，普罗提诺对净化功能进行了更深入、细致、深刻的论述。净化是艺术观照之原理，"如果眼睛还没有变得合乎太阳，它就看不见太阳；如果心灵还没有变得美，它就看不见美"（244）。心灵必须明亮如光，方能见到光；必须圣洁如神，方能见神；必须净化，方能至纯净之圣境。净化是心灵的作用方式，是心灵的拯救之途、回归之途，也是心灵的目的和应该达到的境界。

他也因此更加注重艺术家心灵的磨砺。艺术家的心灵赋予了艺术模仿不同的品质。他们的心灵来自太一流溢，赋予模仿特质，赋予现实诗意。他们的心灵是如何构成的？如何发挥作用？艺术家心灵的特殊构成和作用方式是文学理论也是作者理论研究的重要范畴。

2.1.6 创造、虚构与诗人的才能

中世纪文论是从基督教神学衍生出来的，因循着普罗提诺的传统，从对上帝创世的赞美中赋予了艺术创造新的含义，提出了艺术家的观念对于创造的重要性。圣·奥勒留·奥古斯丁（St. Aurelius Augustinus）是欧洲中世纪基督教神学的重要代表，他在《忏悔录》中为上帝创世作辩护时称，世界是上帝随心所欲的创造，没有任何先在的根据，甚至也没有先在的时间和空间。"你从空虚中创造了近乎空虚的、未具形相的物质，又用这物质创造了世界，创造了我们人的子孙们所赞叹的千奇万妙"（奥古斯丁：263）。这就是说，真正的创造并不是对先验先在之物的模仿，而是创造者自身意志的体现。基督教经院哲学的重要代表圣·托马斯·阿奎那（St. Thomas Aquinas）也说，艺术家从无中创造出艺术品，正如上帝从无中创造出这世界："一个艺术家可以通过他的艺术，知道他还没有创作出来的东西。艺术的形式从他的知识流出，注入到外在的材料之中，从而构成艺术作品"（阿奎那：151）。阿奎那将艺术创造比作上帝创世：艺术家凭借知识创造艺术的形式，如上帝从无创造出有，不必依附于任何现实事物。"艺术乃是制造者心里有关制造事物的思想……起源于人的心灵"（152-153）。虽则阿奎那将心灵归为上帝的创造物，认为上帝的心灵是自然万物之源泉，他对艺术家心灵的强调却有突出的意义。艺术的创造不必是现实世界或超验世界的模仿，艺术的形成乃在于艺术家任意构想的

观念。"一件装置的模仿对象，乃是制作者心灵中的观念，而非工具本身"（阿奎那：153），这是他一再表明的思想。基督教神学家通过对上帝的赞美，道出了创造的真谛和内涵。通过他们的努力，创造、心灵和艺术家的观念成为文学理论的重要范畴。

文艺复兴见证了欧洲文化继古希腊罗马之后的第二次高峰。但在此期间，仍然存在对诗的敌意和诋毁，诗人仍需要为诗辩护。从中世纪到文艺复兴，既然压倒一切的是《圣经》神学，那么，为诗的辩护也只能以靠近《圣经》的方式进行——将诗比作《圣经》，将诗的方式和《圣经》的教义寓意相提并论。这方面的代表是薄伽丘（Giovanni Boccaccio）。他的诗人论体现在《但丁传》和《异教诸神谱系》中。

他首先为世俗作品的合理存在辩护。他在《但丁传》中说，世俗作品和《圣经》一样应该受到赞美（薄伽丘，《诗与神学》：325）。诗俗雅共赏，既有明显易懂的意义，也有晦涩艰深的意义，智者和常人皆能有所得。常人从诗中得到安慰，智者能够玩味沉吟。神学与诗在其作用的方式上是一致的：诗凭借神话，谆谆善诱，引导人踏上正义之路。

除了说明诗的功能，他的辩护还要证明诗之虚构是合理的。他以《圣经》之虚构说明诗之虚构的合法性。诗如《圣经》，同样都有虚构的成分。诗之虚构是为了让人们记忆更牢固，理解更深刻。"神学与诗，如果有相同的主题，就可以说差不多是一回事；我甚至说，神学不过是上帝的诗"（328）。薄伽丘将神学说成诗，将诗比作神学，旨在明确诗人虚构的合理性，同时也提高了诗的地位，对诗寄寓了更高的期望。

薄伽丘对作者理论的贡献还在于他详细论述了诗人的才能和适宜诗才发挥的条件。在《异教诸神谱系》中，他说，诗"乃是一种热情磅礴的绝妙的创作，是心灵所创造的东西的如火如荼的表现"（薄伽丘，《诗的功能》：330）。诗是一种神奇的禀赋。"这种热情的诗情具有崇高的效能：它强迫你的灵魂不吐不快；它促使你的心灵产生闻所未闻的新奇作品"（330）。再则，诗可以发挥想象，凭空创造。诗才发挥作用需要诗人掌握如下本领：熟悉语法修辞的规范，具备切合时宜的知识，掌握丰富的词汇，等等。有利于诗才发挥的条件包括：幽静的地点、大自然可爱的美景、安静的心情等。另外，热情磅礴的华年也是诗才充分发挥的优越条件。薄伽丘对诗人的知识结构和才能的强调，和贺拉斯论述的诗人良好判断力的来源，以及朗吉努斯论述的崇高的来源在思路上是一致的。

此外，薄伽丘还考据了诗的名称之来由。他认为诗是艺术的创造。诗的来源是优秀的谈吐，诗意味着优秀的语言风格。在粗朴不文的远古，人们创造出有节奏的、谈吐悦耳的句子，依照一定的规律标准，以一定数量的音步和音节作为约束。这种有计划的说话方式就被称之为诗。他对诗的定义是："诗是一种实用的艺术，从上帝的胸怀产生，因它的效能而得名，诗咏及许多高贵的事情"（薄伽丘，《诗的功能》：332）。诗是最美的语言艺术，其产生与表达带有崇高的天性。这既是对诗的赞美，也是对诗的良好期望。

诗人需要上帝灌注于心灵的热情，通过发挥想象，用虚构和意象引导人们走向正义的道路。此外，诗人还必须具备一定的才情和心境。薄伽丘对诗的本质、功效，诗才应该具备的条件种种，给予了全面的阐述。他把诗与神学相提并论，反映了时代背景的影响。他对诗的虚构等同于《圣经》虚构的阐述，是为诗辩护的策略。他对诗才、诗艺的论述，对诗的来源的考据，都是极有特色的新贡献。

从古希腊到浪漫主义，作者理论的轨迹是从作者与神的神秘联系中逐步挣脱出来，即一步步摆脱神授灵感及天赋才能说。从这个大的走向看中世纪文论，就会发现其特殊的价值。中世纪文论是为了证明神的存在和神的创世之可能，证明上帝创造的合理、合法。虽然神学家说这创造只来自于上帝，上帝可以进行无中生有的创造，《圣经》虚构神迹合理合法，以此提出的从无到有之创造观却自此深入人心。中世纪的创世观念到了文艺复兴时期已能够很自然地被借用。

所以，虽然漫长的中世纪文论旨在抨击诗人，但诗人在歌颂神的荣光的同时，也表明了自己靠近神的可能性，甚至可以说拉近了自己与神的距离。比如但丁（Dante）的《神曲》，毫无疑问是对神的赞美和无限向往，但是，《神曲》中所塑造的诗人形象却意味深长。首先，诗人是引导者，如维吉尔（Vergilius）引导但丁游历地狱和炼狱。其次，诗人是亲历者、见证者，诗人能够通向神明，走近上帝，如但丁在《神曲》中的角色。诗人还是带回神界消息的人。但丁在游历炼狱的时候，那里的灵魂拜托他这唯一的从冥界还能够回到人间的诗人，"把他的消息带到人间"（但丁：36）。诗人是神的代言人，是神与人之间的通灵者，是唯一得到神明眷顾的存在。《神曲》的基本线索正是基于这样的安排。再者，诗人是审判者。其实，对于《神曲》中各种灵魂所处的层次安排，虽然但丁说是他之所见，我们怎么能说不是诗人但丁的安排？《神曲》是诗人但丁的作品，并不是神的创造。所以，即使在中世纪神学氛围中产生的诗人但丁，也将诗人抬高到了极高的能够上天入地的程度，能够直接面对神明的境地。正因为中世纪神学与诗学的复杂性，但丁得以应运而生，得以在诗人与神的密切关系中塑造诗人的新形象，开辟诗论的新道路。

以薄伽丘为代表的文艺复兴文论的主要任务，或者说主要贡献，是引入了诗人亦可无中生有地创造的观点，借上帝创世的荣耀比喻诗人的创造，借神迹虚构的可能性喻指诗人虚构的合理性。大胆地讲，创造既是存在的，上帝既可创世，《圣经》既可记录神迹，那么诗人也可以创造，诗人也可以用虚构创造诗的世界，歌颂和记录俗世的生活。把诗学的重点从神转到人，从神的创世转到诗人的创造，这在诗学理论上是一个巨大的转变，是文艺复兴巨大成就的理论基础，直接影响了浪漫主义把诗人推到文论中心、诗学主体的地位。

2.1.7　诗人的辩护

即使在薄伽丘去世两百年之后，诗仍然受到攻击和责难。在锡德尼《为诗辩护》的字里行间，我们很容易看到当时人们对诗的敌意。比如，他说道，"可怜的诗，从最高的学术评价跌到成为儿童笑料的诗，有哲学家的名字可以利用来污蔑它，以至在文化之神之间还大有内哄的危险……诗却成为目下的人所鄙夷的技艺"（锡德尼：2）。诋毁诗的人无处不在。在文艺复兴的英国，确实有为诗辩护的必要。

其时，对诗的责难来自于高森。他于1579年写了一本小册子《败德的学校》（*The School of Abuse*），将诗人、吹笛手、演员、小丑归为一类，比作国家与社会的蝗虫，以自然理性与普遍经验之名，向上述各色人等的可恶行径宣战，并试图摧毁其顽强的壁垒，对之进行痛快的严惩。他还无不挑衅地在小册子封面上注明："献给高贵的绅士锡德尼先生"。

锡德尼是英国贵族、海军将领、诗人。他对诗的看重并非附庸风雅，他这种文武兼备的修为和身份在当时亦不少见。他选择奋起回击，正是《为诗辩护》的写作缘起。

在结构安排上，锡德尼的《为诗辩护》先是澄清诗的来源、功能和作用，然后一一驳斥对诗的责难。他在开篇就说，"首先，事实上，对于一切以学问为业而诋毁诗的人"，他们对诗的污蔑"近于忘恩负义"，"因为诗，在一切人所共知的高贵民族和语言里，曾经是'无知'的最初的光明给予者，是其最初的保姆，是它的奶逐渐喂得无知的人们以后能够食用较硬的知识"（锡德尼：2）。他援引例证说明，在密塞俄斯（Musaeus）、荷马和赫西俄德这些诗人之前没有任何作家，诗人是最早的人类的作家，他们最早用笔传播知识，有理由被称为学术之父（3）。诗人用使人着迷的甜蜜，诱使粗犷的头脑来容纳知识。

他在历数诗人的光荣之后说到，希腊哲学家也以诗人的面貌出现，他们以诗句歌唱自然哲学、伦理箴言、军事政策等。柏拉图作品的内容和力量是哲学的，形式和美却靠诗。哲理的对话，虚构的雅典市民，富有诗意的会谈，高情逸致的散步，穿插的故事，这些都是诗的因素。历史学家也向诗赊借形式。最初哲学家和历史学家如不借助于诗，便不能够进入群众视野。学术不发达的国家，现在依然如是。诗帮助人们从心灵的运用中发现乐趣，人们然后才愿意进行知识的学习。因为有诗人，历史才存在；因为有诗人，历史才长久。要之，诗既出现得早又存在得久。

罗马人称诗人是神意的忖度者、有先见的人、未卜先知的人（锡德尼：6）。神庙的预言是用诗传达的。因为诗用字精确，遵守音律、韵律，诗人还特有想象自由，似乎确有神力。令锡德尼痛心的是，诗却成为当世之人所鄙夷的技艺。

在历数诗的荣耀和作用时，他时不时提及当时人们对诗的不屑，从中我们可以看出对诗的普遍的鄙夷态度，以至于对诗人的辩护不得不从远古时期诗人发挥的作用谈起。为诗人辩护需从远古说起，与最高典范的著作和最敬仰的对象联系。这种现象是否可以表明，诗的确启迪了先民的智慧，促进了知识的增长。可以说，最高妙的哲学和最神秘的信仰都是诗的近亲。

根据锡德尼的考据，希腊语中诗人的字意来源于"创造"。英国人也称诗人为"创造者"（maker）。人类所有的技艺皆以"大自然为其主要对象"，而"只有诗人，不屑为这种服从所束缚，为自己的创新气魄所鼓舞"，能够创造出比自然更好的事物，"或者完全崭新的、自然中所从来没有的形象"（9）。诗创造更美好的世界、更完美的形象，如忠贞的情人、忠实的朋友、英勇的人物、公正的君王、卓越的人才等。如果说一切人间学问的终极目的就是德行，最能启发德行者莫过于诗人。"诗作是适合最柔弱的脾胃的食物，诗人其实是真正的群众哲学家"（23）。

然后，锡德尼针对加之于诗人的责难一一进行了驳斥。论及诗与学问的关系，锡德尼说，如果学问的目的是阐明德行和使人向往德行，那么就没有什么其他学问可以与诗比肩了（33）。诗值得人们花费时间，因为诗与德行的关系最为密切。论及诗与真实的关系，锡德尼的答辩和亚里士多德的观点几近相似：诗人所描写的真实是其应该的真实，较之历史更加纯粹且合理。至于说诗滋养欲念，锡德尼说那不是诗本身的弊端，而是对诗的滥用所造成的，是人糟蹋了诗。提及柏拉图对诗的指责，锡德尼指出：

"柏拉图只是驱逐滥用，而不是驱逐被滥用的东西"（锡德尼：55）。也就是说，柏拉图所预防的其实是对诗的滥用，而不是诗本身。

"自然从未以如此华丽的挂毯来装饰大地，如种种诗人所曾作过的；……它的世界是铜的，而只有诗人才给予我们金的"（9），诗是黄金的世界，诗的世界比现实世界更美好。这是锡德尼对诗之虚构与想象的肯定，也是对诗之特点的肯定。而柏拉图只肯承认诗与哲学自古相争，即诗与哲学的魅力难分伯仲；亚里士多德则认为诗比写实记事的历史更具普遍性，也更有哲理。他们对诗与诗人的作用，虽然知之，但要么不肯承认，要么论述得总不及诗人论诗来得诚恳热切。

锡德尼表达的是一种充满理想主义色彩的信念和激情。作为诗人对诗的辩护，他满腔热忱地论证了诗是知识之始的观点。这一观点后来得到了浪漫主义诗人雪莱的继承。当雪莱说诗是文明的开端，是百艺之先时，我们不难发现二者的联系。早在贺拉斯的《诗艺》中，就有类似的观点：诗人教化野蛮的民族，订立文明的法则。

这样，我们可以看到两种不同的作者理论：一种是哲学家的文论，一种是诗人（作者）的理论。哲学家的文论传统从柏拉图、亚里士多德、普罗提诺到阿奎那和奥古斯丁，诗艺、诗论、作者理论是他们哲学、神学思想的一部分。他们论诗虽然深刻，富有真知灼见，能够开辟思路，但存有隔膜，概念化阐释居多，缺乏诗人的激情与诗论的生动，与诗歌实践结合较少，更多地从诗和艺术本身出发，而较少考虑作者理论的角度。诗人的文论，比如贺拉斯、锡德尼，则更多地从作者理论、诗人角色出发论诗之得失，为诗辩护。这是两条不同的道路，承续不同的传统，具备不同的特色。

2.1.8 启蒙、真理与美德

启蒙思想是十八世纪欧洲的思想主潮。整个启蒙运动的文艺理论都受到"理性"和"自然"观念的支配。所谓"启蒙"，即"光明""照亮"之意。法国启蒙主义思想家德尼·狄德罗（Denis Diderot）是启蒙思想家中比较全面地表达了文艺观的代表。自然、想象、艺术家的特质、艺术家与时代的关系及对道德教化的强调等，是狄德罗作家论的核心内容。

狄德罗的文艺思想承袭亚里士多德的模仿说。他以自然概括模仿的对象，将自然扩大为物质世界的自然、精神生活的自然和人类社会的自然，他之自然实则包括了客观现实中的一切感性事物及其现象。和亚里士多德一样，狄德罗也通过戏剧与历史的对比说明作家的创造特质。"戏剧作家要在他的作品的整个结构里贯穿一个显明而容易觉察的联系；所以比起历史学家来，他的真实性要少些而逼真性却多些"（狄德罗，1985：499）。作家的创造是探索事物的内在关系，表现实在的美，因而可以比历史更符合生活的逻辑，更具有逼真的效果和感染力。不仅如此，作家还可以创造历史。作家根据历史的事实和发展规律，再加上艺术的想象力，可以使剧情发展既可能又可信，比现实更真实、更感人。艺术的创造既能做到可信又可能，这是对亚里士多德所谓诗宁取可信而不可能的事情更切实的论证。

对于艺术创造所倚重的想象力，狄德罗将其作为诗人的特殊心理机能，研究其发生机制和作用机制。他认为，想象是诗人和艺术家的特质，也是有思想的人和有理性的人的特质："想象，这是一种特质，没有它，人既不能成为诗人，也不能成为哲学家、有思想的人、一个有理性的生物、一个真正的人"（501）。

狄德罗在着重谈论演员演技的同时，经常将演员和诗人相提并论，我们可以从中汲取很多有益的思想。他将诗人定位为自然的模仿者和冷静的旁观者。对于一般人津津乐道的诗人的多愁善感，狄德罗的见解独特："易动感情不是伟大天才的长处。他爱的是准确，但是他在发挥准确这个长处的时候领会不到它带来的甘美。他不是凭情感，而是用头脑去完成一切"（狄德罗，1984：285）。狄德罗强调天才准确的品质和理性的作用，他强调诗人靠理智创作出感人的作品，这是典型的启蒙思想家和理性主义者的观点。这和浪漫主义看重天才的个性和强烈感情的主张显然不同。创作需要冷静的头脑和理智，因此，狄德罗主张创作的最佳时机是在痛定思痛后，在感情经过时间和理性的沉淀之后。这一观点在后来浪漫主义诗人华兹华斯给诗歌的定义中得到了认同和几乎异口同声的回应。可以说，理性主义者和浪漫主义者殊途同归。

狄德罗还专门论述了诗的选材和内容。"诗需要一些壮大的、野蛮的、粗犷的东西"（狄德罗，1985：525）。他希望诗人的题材是狂风暴雨、雷电轰鸣、波涛汹涌、瀑布咆哮奔腾；他希望诗人热情讴歌人民的正义斗争，写出人们揭竿而起的原因，写出血流遍野的时代记忆。他主张，诗人也要为忧患的时代写作，写出时代的灾难，写出人们困乏的喘息，写出触目惊心的景象，写出惨烈中的感动，描绘出灾难和忧患带给人的独特想象，给后世留下未曾经历过的记忆。"什么时代产生诗人？那是经历了大灾难和大忧患以后，当困乏的人民开始喘息的时候"（525）。这种思想应当是他针对时代特点有感而发的，反映了当时处于上升阶段的资产阶级的要求和平民的呼声。

他十分重视诗的道德教化作用。"只有在戏院的池座里，好人和坏人的眼泪才融汇在一起"（529）。在戏剧观赏中，坏人对自己的恶性表示愤慨，为自己给别人造成的痛苦感到同情，对具有与自己同样性格的人表示厌恶。戏剧就这样产生了洗涤心灵、劝人为善的效果。戏剧通过自然的表现感动人心，通过感动来净化人心，使人恢复受时世习染而堕落之前的好的本性，从而达到人心向善的目的。

基于对艺术教育作用的重视，狄德罗十分强调作家和批评家的自身修养。他强调作家应对写作具有高度的道德责任感，即坚持操守，培养高尚的趣味。道德情操会影响作家的趣味。作家要追求真理和美德，提高思想修养。他在论作家和批评家时说：

真理和美德是艺术的两个密友。你想当作家吗？你想当批评家吗？那就请首先做一个有德行的人。如果一个人没有深刻的感情，别人对他还能有什么指望？我们除了被自然中的两项最有力的东西——真理和美德深深地感动以外，还能被什么感动呢？（狄德罗，1984：227）

真理和美德是艺术作品感人的内在因素。所以，作家首先要培养美德，追求真理，有正直的精神和同情心。其次，作家要潜心读书，丰富知识，明确是非，学为人之道，做善良之人。作家个性作风中高尚的道德品质会散发出伟大、正直的光彩，这种光彩会笼罩作家的作品。作家的道德操守和情趣品位决定作品的精神。再者，作家应具有高度的热情，以饱满的热情投入创作，感动自己，方能感动读者。然后，作家还需要再回到人群之中，听意见，勤自省，总结与完善作品创作。狄德罗提倡的回到人群中去的过程就是作品接受检验的过程。

以狄德罗为代表的启蒙主义思想家虽然延续的是亚里士多德的模仿说传统，却极大地拓展了模仿的对象和领域。他的自然观指无限广大的世界。艺术家目光所及，思想所至，皆可作为模仿的对象。艺术的世界无所不包。

他不仅拓展了自然的范畴，还对理性有特殊的强调和独特的见解。诗产生于长期理性的积累，是理性的产物。这是典型的启蒙主义的观点，后来的浪漫主义与此有深刻的契合之处。甚至可以说，华兹华斯对诗的定义与此不谋而合。狄德罗探讨的很多问题都在浪漫主义诗人那里得到了积极的回应，如诗的理性和诗的道德教育作用等。启蒙主义的理性与浪漫主义的感性朝着一个方向同流，或者说，我们印象中最强调诗人独特感情的浪漫主义的兴起是受到了启蒙主义思想的滋养，这是因为二者有同样的底色：作者中心论的基本理念，即文学艺术是作者的创作。

狄德罗还强调了与文艺密切相关的时代精神。启蒙思想家们都意识到了文艺与时代的关系：诗人和文艺精神受到时代的制约，诗人既产生于时代，是特定时代的产物，又因其文艺的特性，可以超越时代，为时代代言，为文艺精神的传续贡献力量。此外，他更是突出了对诗人品德修养的关注。由于启蒙思想家的社会责任感，他对诗的教化作用有更清醒的认识，因而对诗人的道德操守与人格修养给予了特别的关注，突出强调了诗人的时代意识，这是现实主义诗人论的先声。

无论是对自然范畴的拓展，还是对理性的独特见解，对时代精神的强调，对作家品德修养的关注，狄德罗的作家论都独树一帜，颇具启发性，后来的浪漫主义、现实主义都能从中汲取养分。狄德罗思想在古典主义到浪漫主义乃至现实主义的发展过程中具有承上启下的作用。

无论启蒙主义，还是浪漫主义，当思想家将重点放在诗人身上的时候，对诗人本身的心理机制和艺术创作规律都给予了认真的思考，这既揭示了诗人的感情作用方式和创作方式的特殊性，是对诗人中心论的肯定，也是对创作规律的总结和指导。

2.1.9　游戏与天才

康德是德国古典哲学的奠基人。他对文艺理论的思考体现了哲学家文论的典型特征，即从概念出发，经过严谨的论证，得出缜密的结论，从而启迪新思路。他在《判断力批判》中关于艺术和天才部分的论述，几乎等同于对诗和诗人才能的论述，可以作为作者理论的资源。

康德通过分析艺术与自然、科学、手工艺三者的区别来界定文艺的本质。他把通常意义上的艺术称作自由的艺术，把手工艺称作雇佣的艺术（康德：149）。从事艺术好像在游戏，实际上也是一种工作的方式。艺术是有目的性的，从事的过程使人愉快；而手工艺则是一种劳动，对于从业者而言是困苦的，是被逼迫着负担的。所以，"促进自由艺术最好的途径就是把它从一切的强制中解放出来，并且把它从劳动转化为单纯的游戏"（150）。艺术的本质是自由的，艺术家创造的美的艺术品既含目的性却又似无意图，好似自然的产物。所谓师法自然，是创作主体心灵之法的体现。

美的艺术是天才的艺术。康德反复说"美的艺术必然地要作为天才的艺术来考察 …… 美的艺术只有作为天才的作品才有可能"（康德：153）。他论述了艺术天才必须具备的四种特征：一，天才是一种天赋的才能，独创性是天才的第一特性。二，天才的作品必须是典范，它本身不是由模仿产生，它对于别人须能成为评判的法则或准绳。三，自然性是指天才具备自然的禀赋，赋予艺术作品以法规。作品有赖于作者的天才。天才的独创性观念来自于一个特异的、在人诞生时就给予他/她守护和指导的神灵。四，自然只是在艺术应成为美的艺术的范围内，通过天才替艺术定立法规。要之，天才具有独创性、典范性、自然性和艺术性四个特征。天才与模仿的精神完全对立，学问、技术和科学皆可模仿而得，惟有艺术的才能是每个人直接受之于天的，不能相传。天才的传续依靠的是大自然的垂青和作品典范性的启发。

康德在阐明天才的自然特征之后，还分析了构成创造性天才的四种心意能力，即四种心理机能——想象力、悟性、精神和鉴赏力，说明天才的创造是主体多种心理机能自由协调的结果。艺术的创造同时需要想象力、悟性、精神和鉴赏力，鉴赏力使前三种心理机能合而为一，以保证美的作品的创造与完成。在对天才的心意诸能力作出分析之后，康德说，"天才就是：一个主体在他的认识诸机能的自由运用里表现着他的天赋才能的典范式的独创性"（164）。

天才是诗人的重要特征，抑或是主要才能的体现。诗人天才说是关于诗人的一个主要论点。然而，自古以来，对诗人天才的解释总是显得神秘、笼统而简单。康德的天才论虽然强调天赋之才，但他所论之天才已经是可以分析、说明、探究和典范化的天才，可以作为研究的对象。天才是艺术家创造性的心理机能，虽然仍受制于天赋，但对其特点和作用机制的探讨，已经是现代意义上艺术家心理研究的范畴了。因而，康德的天才论很大程度上消解了传统的天才神秘论，走向了对艺术家主观能力的探究，为天才论研究带来了方向性的转变。

2.1.10　自然、素朴与感伤

如果说康德的天才论是纯粹的概念化分析和推断，席勒则主要从诗人的角度，结合诗的历史演变，论述诗人的产生、变迁和特点。席勒的论述生动具体，与文学实践结合密切，是典型的诗人论诗，即我们上文提到的属于作者的作者理论，与哲学家康德的思想很不一样。席勒克服了康德思想的主观性与抽象性，敢于设法超越局限并在艺术里实现统一与和解。

在《论素朴诗与感伤诗》中，席勒分析了两种诗人和他们所代表的不同文艺创作思想的特征与区别，并指出了二者统一的可能性及意义。席勒独特的自然观，他关于诗人类型的产生与演变的论述，他所谓诗之精神在于人与自然的关系的观点，以及他对诗人道路的讨论，都是他对作者理论的特殊贡献。从此，诗论的主角是诗人，作者理论成为关于作者的理论。

席勒从自然开始论述素朴诗。素朴与自然密切相连。席勒所论的自然既指植物、矿物、动物、风景之自然，也指孩童、乡间居民和原始社会风俗中的人性自然。对此，我们总是寄予天生的热情和感伤的敬意。自然与人为对照，人为相形见绌；与人为相比，自然是素朴的。我们之所以喜欢自然事物，不是因为事物本身，而是因其所呈现的观念和对人类的启示。

> 它们所具有的特点，正是我们所缺少而不能达到的美满；我们所以异于它们的，正是它们本身所缺少的神性。我们是自由的，它们是必然的；我们与时俱变，它们始终如一。然而，唯有当这二者相结合——当意志可以自由地遵从必然之规律，当幻想纵使千变万化，理性仍能坚持它的法则，那时我们的神性或理想始能出现。（席勒：227-228）

在席勒看来，人类对自然一往情深，是因为在自然那里看到了理想的状态。自然负载了人类的理想，是过往的状态，也是未来的方向。人类的理想是合乎理性的自然存在。

席勒还以孩子为例论述自然之于人类的启示。孩子的自然状态让我们反省自己的不自然。我们之所以感慨，是因为想象到他们纯粹自由的力量，他们的白璧无瑕，他们的前程无限。当我们把孩子的天真和我们的虚伪进行对比时，孩子给我们的是纯粹素朴的印象。"素朴乃是一种不期而遇的天真，因此，严格地说，真正的婴年不能称为素朴。然而，在这两种情形，在无意的素朴和有意的素朴，自然总是对的，人为总是不对的"（席勒：231）。这就是席勒关于素朴的阐述。素朴与自然相连，素朴与人为相对。

基于对素朴的特殊定义和推崇，席勒论述了天才与素朴的密切关系。"凡是真正的天才必须是素朴的，否则就不是天才"（235）。素朴的性格是天才的本色，天才在理性、审美和道德上是全然一致的。单凭天性或本能，天才就能避开虚伪趣味的陷阱。作为天才，其独有的禀赋是：在陌生的领域，仍如在故乡；扩大自然的范围，仍不越出它的界限。天才不是依照熟识的原则来处理问题和作出决断，而是依照灵感和感触：他/她的灵感就是神的启示，他/她的感触对于千秋万世就是金科玉律。席勒对于天才禀赋的理解有些像"随心所欲不逾矩"[1]的境界。

席勒还详细列举了天才的性格特征。他指出，天才在作品中的童心，也会表现在他的个人生活和习惯上。天才是腼腆的，但不拘礼；天才是敏锐的，但不狡诈；天才忠实于自己的性格和爱好，因为自然总是能使其回到原处；天才是谦虚的，甚或羞怯的，"可是他并不胆怯，因为他并不知道所走的道路的危险"（235）。素朴的天性是天才的最大特点，素朴的诗象征着人性的和谐。席勒的天才是人之天性的天才，非神秘之天才；是人之才，非天之才。

诗人与自然密切相连，与自然的不同关系成就不同类型的诗人。"诗人之为诗人，在于他无论何时都是自然的捍卫者……诗人或则就是自然，

1　语出《论语·为政》。

或则追寻自然……前者使他成为素朴的诗人，后者使他成为感伤的诗人"
（席勒：245）。人与自然的违背是现代社会的主要特征，也是造成诗人分裂
的原因。虽则诗人殊途，然诗之精神不灭。虽然现代人距离自然的素朴越
来越远，受到自然培育的诗之精神总能不断帮助人们返回自然。

虽然现代多感伤诗人，古代多素朴诗人，但席勒对这两种诗人的区
别，并不仅仅以时代为界限。其区别既是时代的，也是风格的。即使同一
诗人，甚至同一作品中，两种风格的同时出现也屡见不鲜。席勒把诗分
类，意不在褒贬，而在两种诗的结合，他希望就此寻找一种理想的艺术形
式，作为审美教育的手段，以促进人性的完满。"更高度的人性真实是与
这两者水乳交融的"（292）。诗的分裂显示了人与自然关系的疏离，诗的
融合则应和人与自然的亲近以及人性的和谐。

席勒对诗人与自然的关系的论述别开生面。诗人同源而异流，异流而
异质，这个异质被席勒归于诗人与自然、人与自然的关系的不同。从诗与
自然的关系论诗，是席勒的一大发现。席勒对诗人不同类型的研究迥然不
同于亚里士多德所论，即诗人因天性不同而从事不同类型的诗歌创作，亦
不同于柏拉图灵感型与模仿型诗人的分类，更不同于贺拉斯关于优秀诗人
与拙劣诗人的区分，也不同于普罗提诺之不同流溢造就不同的诗人的界
说。席勒所言的诗人经历了文艺复兴之后对人的强调，受到了康德哲学对
主观性和自由意志的浸染，是近代社会人与自然相疏离的产物。

诗既是人与自然联系的纽带，又是人与自然关系变化的必然结果。诗
人守望自然、素朴与单纯，这是一个大的命题。这里实际上提出了诗之精
神的问题，诗为何物的问题，及诗之源泉的问题。诗之精神不变，从自然
中来。当人类的生存状态与自然贴近时，诗就表现自然；当人与自然分离
时，诗便寻找自然、守护自然。自然是诗之源泉。自然是对天地纯然素朴
状态感悟的结果。席勒的诗论彻底解放了人，把诗论从神秘中解脱出来，
使其真正走向了人的道路。

席勒的诗论中提出了几个大命题：诗之精神与源泉、诗之时代性与变

迁。在时代性与诗之永恒精神的矛盾和张力中，是诗人的存在，这也是个重要命题。诗人之存在体现当下性、时代性，同时兼具诗之精神的传承性，即在自然不在的时代寻求、回望、守望、向往诗之精神、诗之来处。具体到席勒的诗论，就是诗的产生和人与自然的关系，素朴的时代有素朴的诗人，与自然断裂的时代有感伤的诗人和怀望素朴的传统。诗人有传承诗之精神的使命，即有永恒之主题贯穿诗的发展，有诗之精神区分诗人与世人；亦有时代性，时代影响诗人，诗人在各自的现世咏唱世代相传的歌谣，唱出时代的特色和变迁。诗人的高下在于领悟自然，即领悟诗之精神的程度，诗人的宿命在于在感伤的时代恢复并永葆诗之精神，在永葆诗之精神的前提下传达时代性，传达感伤中的素朴。诗人是怀有使命的人，这将会成为一个关于诗人的命题。以后的诗论将会围绕这个命题展开诸多讨论，比如叔本华、尼采（Friedrich Wilhelm Nietzsche）、荣格，都有跟进和高论。

诗之精神为何？在席勒是自然，在康德是天才。对这个命题的讨论将彻底挣脱柏拉图以来的神秘传统，转向对诗人思想构成的讨论，对诗人与诗之精神的讨论，对诗人作为主体的人的讨论。诗之精神与诗人密不可分，且不再分离。近代文论和作者理论是人的文论，是摆脱了神学与神秘的人之论。

诗之时代性也将成为一个核心话题。诗人有着当下性与永恒性的存在之宿命。诗人如何在当下守望诗之精神？如何在永葆诗之精神的同时传达诗之时代性，呈现与诗之精神悖逆之当下存在？如何选择自己的声音——感伤、迷失、痛苦、希望？这些都是关键问题。

文艺复兴以后的文论就是对诗人才能的探讨，不需再假借诗人与神的关系，不再设置诗人与神的关系的前提。康德的天才说虽然是论艺术的天赋之才，虽然旨在解释天才的构成和特征，重在认识天才，但我们完全可以把它看作是论人之才，是人之艺术创造才能论。也正是沿着由神启到诗人创造的轨迹，我们才可以看出席勒论素朴诗与感伤诗思想的现代性。席勒的诗人论已经完全不特意说明诗人的天才，而是强调诗人与自然的关系，诗人对自然的领悟。因此他的思想虽与康德主体论密切关联，却有巨大的不同。诗人之才不在天赋，而在于与自然的天然联系和对变化了的自然的不同领悟。康德论艺术之天才，席勒论诗人的人之才。席勒指出了文明世纪人们的"心理对立"，以及这种对立所引起的"人与人之间的分裂"（席勒：291）。这是一大发现，也引出了后来对现代诗人最基本的评价。现代诗人是分裂的诗人，其内心的分裂源于时代的分裂、社会的分裂、人与自然关系的分裂。分裂可以成为一个描写现代诗人的关键词。席勒的诗论是诗人论，这是他之所以直接影响到浪漫主义的重要原因，也是浪漫主义与席勒一脉相承的标志。

浪漫主义是沿着诗即诗人、诗论即诗人论的道路发展起来的。浪漫主义诗人论的一个显著特点是诗论家大部分也都是优秀的诗人。这种现象也说明，在浪漫主义时代，诗人仍然需要为诗歌辩护。

2.1.11　诗人是一个对众人说话的人

华兹华斯是英国浪漫主义的代表，他为自己和柯尔律治合著的《抒情歌谣集》写的序是英国浪漫主义运动的宣言，其写作目的是，"有系统地为我写这些诗时所根据的原理辩护"（华兹华斯：3）。

在《抒情歌谣集》的序中，他首先提出了几个观点：一是诗与社会审美力有关；二是诗作为语言，与人类心灵交互影响，诗之语言特性与人类心灵之关系密不可分；三是要追溯文学及社会本身的演变，诗是文学史与社会演变的双重结果。其诗论的主要内容如下：

第一，什么是好诗。他的主张是诗写平常事。日常生活加上想象色彩，就足以赋予寻常事物以不寻常的效果。所谓日常，即卑微的和乡村的生活。华兹华斯列举的原因是，在乡村的环境下，心灵无拘无束地成长，产生明白有力的语言；感情以纯真的状态展现，默察更精密，传达更有力；乡村生活方式从基本感情中萌芽，更容易领会也更持久，也易于使激情与大自然以美丽而恒久的形式结合。人类最基本的情感得以以最纯真的状态持久地存在，并融入恒久的自然。乡村生活是自然之美的最好体现，是纯真心灵与基本感情的最佳表达。乡村语言受社会名利心影响小，朴素无华，可以表达基本的正常的感情，能够经历反复检验，因而比时下诗人的语言更耐久而富于哲理。但当时的英国诗人自以为是，脱离人类朴素的感情，沉迷于自己武断而任性的语言习惯，凭个人好恶写作，反复无常，以为这样才是诗的语言。

华兹华斯其实是提出了什么是正常的诗的问题，是在和当时流行的、脱离生活的、描写诗人自我沉迷的诗作斗争。采用持久的题材，提炼日常语言，以新奇的方式展现心灵兴奋状态的诗，方是好诗。所以，华兹华斯的诗歌我们到现在还能吟诵。一看到当时引发诗人激动之情的事物，我们还能感受到诗人的激动，还能随口吟唱诗人的诗篇。因为事物不变，诗人采用的语言少变，诗人吟诵的自然之美、纯真情感不变，诗人的诗中对于诗人激动的原因也当然可以被读者反复体验。诗写日常事，诗写普通情感，诗用平常语，诗让人新奇、兴奋、愉悦，且诗中表达的诗人的心灵可以为我们反复感知并为之吟唱。这可能就是经典。所谓经典，就是描写可以被经常体验的情感、心灵、人生经验和生活状况的优秀作品。

第二，如何写好诗。诗既然写平常事，依照我们的经验，平常事最不能够让我们感到新奇和激动。那么，诗如何新奇，诗人如何把平常事写得不平常，这是华兹华斯探讨的第二个大问题。他对诗的定义是："一切好诗都是强烈感情的自然流露"（华兹华斯：6）。一是诗人要有强烈感情，二是要自然流露，不可为赋新诗强作愁。强烈感情当然是指诗人的感情。诗是诗人情感的表达，这是浪漫主义的基本信仰。由此可知，诗人既要有强烈感情的聚集，即直觉直感，感情与万物交汇通融，又要能够自然地流露，这必须经过长久的沉淀。这种沉淀就是诗人依靠自己的心灵、智识和经验积累对诗的素材的孕育、过滤、选择和表现。凡是有价值的诗篇，"都是出于一个具有异乎寻常的官能感受力，而且曾经过深思久虑的诗人之手"

(华兹华斯：6)。华兹华斯还有一句话："它（诗）起源于心平气和时回忆的情绪"（19）。"回忆"的原文是recollected，其实，用"凝聚"比"回忆"更有意味。也就是说，诗人既需要有强烈的感知感情，又要有平静的能力，在平静中思考、过滤、甄别、遴选、表现适宜的素材。诗人要培养强烈的感情，养成自然流露的习惯，让诗的思绪自然流淌，好诗自然涌现。

第三，诗有可贵的目的。华兹华斯有说"我诗中所发挥的感情使情节和情景显得重要"（6），而不是相反。诗人要有异乎寻常的感官能力，要深思熟虑。情感之流受思想支配，诗人要不断思考对人类而言真正重要的主题，建立情感与思想之间密切持久的联系，加之敏感的官能，久而久之使得心理养成习惯。其后，所观察的事物的重要性就会凸显，心理、情感、思想交汇融通，诗情养成，主题自然浮现，读者的理解力受到启发，感情得以加强和净化。诗净化心灵、提升道德的能力就是这样自然而然地得以实现。诗的力量在于潜移默化，润物无声。

第四，诗的主题要具有普遍重要性。作家最应该致力的任务就是努力产生或扩大使主题具有普遍重要性的能力。因为自身生活平淡，世人趋向于追求外界刺激。但诗人相信人类心灵有某些固有而不可磨灭的品质，相信那些影响心灵的、伟大而有永久价值的事物的力量，相信诗会改善颓风。对于日常生活单调而渴望刺激的现代人，华兹华斯认识准确，切中时弊，至今看来还是极具现实意义。

华兹华斯对作者理论的贡献集中体现在他给诗人所下的定义上，这是他对诗人品质特征的集中概括：

> 诗人者，是一个对众人说话的人。不错，他是一个天生具有更强烈感受力、更多热情和更多慈悲的人，他对人性有更多的知识，而又具有比我们以为人类所共有的心情更为渊博的心灵；他热爱自己的热情和意志，他比任何人还要喜爱自己的精神生活。（11）

华兹华斯心中的诗人敏感、热忱而温情，更了解人性，也更愿意了解人，因而能够代表人类发声。诗人写作是因为爱——爱自己、爱众人、爱人类、爱人生。创造，如果有自己的热情和意志发挥的地方，能够在现实人生中找到相似处、共鸣处，则甚好；不然，就从无中创造有。创造的能力在于生动的想象力和心中的热情，内心的热情是创造的原动力。为自己感动，为自己的想象激动。诗人的确是特殊的构成，更爱人生，更有内心的热情，更容易为自己的想象激动，如此才能被外在事物感动；再通过诗人复杂的心理机制、长期养成的思维习惯和情感感应方式，将感动化为诗篇，传递信念，提升心智。因此说，诗人向众生说话，是人类的代表。

华兹华斯是自然诗人，既具备素朴的品质，写出了素朴的真谛，又有感伤的情怀，替现代人寻找修复与自然的关系的出路。华兹华斯重建了诗人与自然的联系，修复了席勒所痛心的诗的分裂，是席勒推崇的素朴和感伤统一的诗人。可以说，华兹华斯是完整的诗人。

华兹华斯具有自我崇高的气质，他把诗人看作是现代史诗的英雄。虽然他心目中的史诗《隐士》永远没有达成，虽然他最著名的长诗只被称为《序曲》，但华兹华斯的诗歌实践表明，如果现代还需要史诗，唯一值得一写的史诗便是诗人心灵的成长。史诗的主角就是诗人自己。诗人心灵的成长对于现代人是一种启示。

2.1.12 诗即诗人

浪漫主义诗人一致认为，诗的创作源于诗人自身的情感，发乎诗人的心灵，即使以外在世界为创作题材，也必须经过诗人主观心灵的投射，是诗人综合心意能力的产物。浪漫主义诗人对诗歌本质的理解使他们对诗歌与诗人之间的关系有了全新的认识，促成了他们作为诗歌创作主体的自我觉悟。对于诗与诗人的关系，柯尔律治的观点最有代表性：" '诗是什么呢？'与'诗人是什么呢？'这两个问题几乎是同一个问题，所以前者的答案就牵涉到后者的解决。因为，那支持和规定诗人自己心中之意象、思想和感情的力量，毕竟是从诗本身产生的一个特点"（柯尔律治：38）。诗即诗人，这是浪漫主义诗人的共同信念。

柯尔律治是浪漫主义诗人，也是大理论家。他的诗论代表作《文学生涯》中阐述的四个主要观点值得深入探讨。

其一，对诗歌的欣赏要持搁置不相信的态度，即愿意接受诗歌中的似乎不可相信，愿意品味思考诗歌中不符合实际的描写，而这些实则是诗人的创新。这一点道出了诗歌阅读和欣赏的原则，也道出了诗歌的特点。比如我们如果初次读到罗伯特·彭斯（Robert Burns）的诗句"我的爱人是红红的玫瑰"[1]，或者华兹华斯之"我独自漫步，像孤独的流云"[2]这样的诗句，就要假定这样的表述可以成立，接受这种表达，因为只有在接受认可的前提下才能领略诗人比喻之新奇，欣赏诗歌之美。如果上来就觉得这种表述不合逻辑，不符合理性，没有道理：看到玫瑰想到扎手的刺，怀疑诗人为何将爱人比作有刺的玫瑰；认为人只能行走地面，怎么能够像云朵一样飘在天上。如果这样想诗歌中的句子，诗歌的理解与欣赏就无从谈起。所以，柯尔律治说对待诗应该抱有搁置怀疑的态度，搁置自己的不相信，进而才能理解诗之美，理解诗人之新奇曼妙的表达。浪漫主义诗人都是理论家，一方面写诗，一方面阐发对诗歌的主张。他们写诗，为诗辩护；他们引导、培育、造就诗歌的读者。

第二个值得注意的观点是，诗让人愉快。科学求真务实，追求真知真相，而诗歌带来愉悦，让人心灵欢畅。愉悦心灵是诗歌的特性和目的，这是诗歌教乐传统的延续。在科学主义的时代，在机器文明工业革命的背景下，这样重申古老的主张，这样强调诗歌的特性，以此区分诗歌与科学的边界，难说不是因为诗人心中充满了对诗歌的骄傲。浪漫主义的诗歌的确还让人愉悦，但后来的现代诗人很少提及诗歌愉悦心灵这一点，很多时候

---

1 语出彭斯 "A Red Red Rose"。

2 语出华兹华斯 "I Wandered Lonely as a Cloud"。

我们听到的是诗人的呻吟。寓教于乐，这一诗论传统在浪漫主义时期依然是主流思想，是诗人们为诗辩护最坚定的信仰。浪漫主义并不是一种与传统的断裂，而是古典诗论在人类近代历史上的回声，是最嘹亮的或许也是最后的回声。浪漫主义因而和古典诗论有很多契合之处，仍然属于古典思想。每一个浪漫主义诗人都相信诗歌的荣光，都为诗人骄傲，都相信诗歌能够代表人类的思想情感，为人类代言，替万物发声。诗歌有独特的不可替代的作用。

柯尔律治的第三个诗学思想是诗歌的有机整体说。一首诗歌是一个整体，其中的词句韵律和谐统一，相互关联，共同促进诗的效果。亚里士多德表达过同样的思想，即诗像一个生物有机体，要全面完整。柯尔律治的表达更具体、形象、理论化，对诗歌创作更具指导意义，也更易受到现代诗人的欢迎，因为这是一种现代语言和现代诗歌思想的表述。对诗歌的方方面面不同组成部分进行肢解和分析，是现代诗歌批评的手段；这种方式更具有操作性，可以把诗歌放在显微镜下观察，放在手术台上解剖。诗歌自成一体，诗歌自有生命。好诗方方面面都要好，都要经得起推敲，如此才能产生效果。

区别想象与幻想，是柯尔律治的另一大贡献。在《文学生涯》第十四章的最后，他说，"明达之见是诗才的躯壳，幻想是它的衣饰，律动是它的生命，而想象却是处处皆有、无所不在的灵魂，想象把一切化成一个优美而明晰的整体"（柯尔律治：39）。这是柯尔律治对诗才的定义。据此可以知道他对诗人的期望，对诗人素质特征的看法，即诗人要具备明达之见，能幻想，晓律动，善想象。

2.1.13　诗人是立法者

1820年，皮科克发表了《诗的四个时代》，论述诗的发展与诗的功用，并对现代诗人提出批评。他指出，现代科学突飞猛进，使人类生活舒适，给世界带来文明。诗人不合时宜，百无一用，"是一个虚抛自己岁月的浪子和一个夺取他人光阴的强盗"（皮科克：70）；有用的是历史学家、政治家、经济学家之类的人物。

雪莱出于愤怒而奋笔疾书，写下《诗之辩护》，回击对诗歌的非难，为被侮辱的缪斯辩护。雪莱的《诗之辩护》的主要内容有：诗人是什么，诗是什么，以及诗的作用和诗的创作。《诗之辩护》代表诗人论诗的典范，是作者的作者理论。

雪莱从狭义和广义两个方面定义诗人。最广义的诗人首先是审美力最充沛的人，他/她能够感染别人，引发共鸣；第二，诗人是最能领会世间真善美的人；第三，诗人是美的艺术的创造者。"他们也是法律的制定者，文明社会的创立者，人生百艺的发明者，他们更是导师，使得所谓宗教，这种对灵界神物只有一知半解的东西，多少接近于美与真"（雪莱，1990：142）。

在雪莱所谓广义诗的概念里，语言、色彩、形象、宗教行为及社会习惯都是诗的工具和素材。诗是关于有韵律的语言的艺术。诗韵不只是专门指向语言的韵律，更是指宇宙万物的声音和生命的回响与共鸣。大诗人能将天籁化为诗韵，写出生命的形象，创造宇宙精神的回响。诗人能够领会事物的真理，并教导人生。从这个意义上讲，大诗人同时也是能力最为高超的哲学家。同时，诗是生活惟妙惟肖的映象，表现了生活的永恒真实。雪莱将诗人称为诗的创造主。诗包罗万象，包含着人性各种关系的萌芽。时间对诗也不能造成任何减损，反而能增加诗之美，因为不断会有新奇的方法来传达诗中所表现的永恒真理。雪莱对史学著作中的诗意思想倍加重视。一篇作品中可以仅有部分是诗意的，即使只是一个字，也可以充满难以磨灭的思想火花。史学家还可以用生动的形象填满他们题材上的空隙。从这个意义上说，所有伟大的历史家也都是诗人。

将诗由语言音韵之美上升为表现人类精神的和谐和反映生活的永恒真实，并从哲学家和史学家身上发掘诗人的品质，可以说，雪莱最大程度地充实和拓展了诗和诗人的含义。雪莱的大诗人的观念和广义的诗的概念相对应。通过这两方面，雪莱将人类认知的最高境界纳入诗的范畴，将人性中的最高属性纳入诗人的崇高。

诗中有快乐，诗中有智慧，诗中有道德，诗中有完美，这是雪莱对诗之功用的诠释。首先，诗人如黑暗中的夜莺，用美妙的歌声慰藉自己的寂寞，向听众传达快乐与感动。诗对人心的教化如春风化雨，润物无声。人们一旦欣赏了诗中的人物，这些人物便永留心中。诗通过美传播爱，又通过增强人们的想象力而作用于道德产生的因，从最根本处帮助道德的实现。诗致力于实现人类的快乐与完美，诗亦是一切知识的来源。"诗是神圣的东西。它既是知识的圆心又是它的圆周；它包含一切科学，一切科学也必须溯源到它。……诗是一切事物之完美无缺的外表和光泽"（雪莱，1990：170）。惟有诗能高飞到理智、技能所不能企及的永恒境界，从那里把光明和火焰带下来，惟有诗能说清我们所生息的美丽宇宙的景色，惟有诗能表达我们在世间此岸的安慰和我们对世间彼岸的憧憬。依照雪莱的说法，一切科学家、哲学家其实都是诗人，因为一种发明和发现的契机也许就是一个灵感的火花，一种理论的呈现也许就表现了一种氛围，一种品质，一种价值。这些都是一种诗情，一种诗意。

雪莱提出的哲学家、历史学家、科学家也是诗人的思想，其实是诗之思的问题，是诗意、诗情、诗性的问题。哲学家、历史学家、科学家的著作当然不是诗歌作品，他们之所以可以被称为诗人，不是因为他们写出了符合诗歌语言形式和音韵特征的作品，而是因为其作品具有诗性之思，能够起到雪莱所期盼的诗的诗意功能，又抒发了诗情，点燃了读者的热情、善意、快乐，促进了想象力的发挥与审美趣味和道德的提升。诗情、诗性、诗意因而成为除却语言形式之外表达诗的品质的词汇。诗人因诗情、诗性、诗意而成就诗歌，哲学家、科学家、历史学家因其作品中诗情、诗性、诗意的表达而可以被视作诗人。

在论诗的创作时，雪莱反复强调：诗的创作主要靠灵感，灵感不足时才不得已用传统词句织成的文章来予以人工的补缀（171）。雪莱在强调灵感时，更强调诗的才能中含有一种本能性与直觉性。比较雪莱和柏拉图的灵感说就会发现，雪莱虽然强调诗的灵感，但他所说的诗的灵感直接来源于诗人自身，是诗人的一种本能和直觉，和诗人善良、快乐、美好以及神圣的本质一致。这样，浪漫主义将柏拉图以来所谓诗人的灵感神授说演化成了诗人心灵的神圣与崇高，完成了诗人由神性传递者到人性代表的转变。

写诗的时刻应该是最快乐最善良的。"诗是最快乐最善良的心灵中最快乐最善良的瞬间之记录"（雪莱，1990：172）。诗应该是极其美丽的，诗人是美的精魂，诗意是美的象征。诗之美在于诗人特殊的感觉能力。诗人能够捕捉住那些飘忽于人生阴影中一瞬即逝的幻象，用文字或形象把它们装饰起来，然后送到人间去，同时把此类快乐的喜讯带给一起留守的人们。"诗拯救了降临于人间的神性，以免它腐朽"（172）。诗人仿佛是处在两个世界之间的精灵，用文字将世间幻象化作永恒，又唤醒人们的神性，使人们能够随时仰望到神性的居所，通达彼此的消息。十九世纪后期的象征主义诗人渴望成为两个世界之间的"通灵者"，二十世纪的思想家海德格尔也寄希望于诗人为人类传达已经远去的神的踪迹。从他们的期盼中，可以看到一个先知般的诗人雪莱的身影。

诗人是创造者，是最可靠的先驱、伙伴和追随者。在诗人作品的字里行间，总是燃烧着令人惊叹的、电火般的生命。他们总以一种包罗万象、深入一切的精神探测人性，表现时代的精神。在《诗之辩护》的结尾处，雪莱豪情万丈地宣称："诗人是不可领会的灵感之祭司；是反映出'未来'投射到'现在'上的巨影之明镜……诗人是世间未经公认的立法者"（177）。雪莱对诗的论述是一种豪情万丈、激情澎湃的理想，对诗人寄寓了美好的希望和十足的信心。雪莱的《诗之辩护》本身就是瑰丽的诗章，显示了诗人论诗的所有重要特征，表达了浪漫主义诗人的理想、向往和信仰。

浪漫主义诗人的出现是文学史的必然结果，也是人类历史进程的必然结果。风起云涌的社会变革背景下，英国工业革命、法国大革命、美国独立战争改变了世界面貌，科学主义及关于人权、独立等方面的宣言改变了人们的世界观，也改变了当时的诗人。他们大胆突破模仿说，扭转潮流，革新诗坛，为当时的诗坛注入了清流和新风。浪漫主义诗人用自己的创作实践为理论作证，将文学理论的中心从模仿对象转移到对诗人的关注。

诗源于诗人，诗的品质就是诗人的品质，这是浪漫主义的理念。所以，要理解浪漫主义诗歌，须得理解诗人。浪漫主义诗人精心地保留了自己的日记书信，细致地记录描写了诗歌创作的经过。浪漫主义从诗与诗人的密切关系出发，对诗人特质和诗歌创作进行了广泛探讨，描绘了理想的诗人形象。这是文学观念的更新。诗人成为文学世界的中心，成为人类的代表，这是诗论史上一个大的改变，它标志着根据诗人和作品关系研究文学的批评范式的转换和诗人中心论的确立。

2.1.14　作家与地域

现实主义是继浪漫主义之后文学创作和文学理论史上又一大高峰。到了十九世纪三十年代后，由于社会历史、理论思潮和文学自身规律的演变，现实主义文学思潮兴起，文学理论出现了新的气象。与现实主义创作相辅相成，伊波利特·阿道尔夫·丹纳（Hippolyte Adolphe Taine）和查尔斯·奥古斯汀·圣伯夫（Charles Augustin Sainte-Beuve）的社会历史批评与早些时候斯达尔夫人（Madame de Staël）的思想相呼应，从理论形态上确立了作家中心论的批评模式。现实主义作家中心论与浪漫主义作者中心论异曲同工，殊途同归。

法国著名文论家斯达尔夫人的论述虽然在文论史中通常被归为浪漫主义文论，但她实际上表述的是环境决定论的文学观和作者观。不同的地理环境产生不同的文学形态，造就不同的作者类别。从贺拉斯、朗吉努斯到狄德罗，不少文论家对作者与政治制度、社会风尚、时代精神等外在环境的关系进行过论述。斯达尔夫人对作者理论的重要性，不仅体现在其文学地域论上，而且还体现在她对作者与人物互为创造者的关系的新认识上。

在《论文学》中，斯达尔夫人根据地域，将欧洲文学明确划分为南方文学和北方文学两大类，并且认为这是两种完全不同的文学。南方文学以其构思纤巧、形象优美和情调欢愉见长；北方文学则倾向于表现诗歌中的崇高伟大与想象所引起的深刻沉思和忧郁。斯达尔夫人将这两种文学形成的根本原因归结为不同自然环境的影响，其中气候和地理因素尤为显著。气候影响一个民族的气质和内在情感倾向，地理环境则影响一个民族的生活态度和外在特征。文学创作必然会反映这些民族的气质和特性。

她以地理环境为主要视角考察作者，认为法国文学是南方文学的代表，德国文学则体现了北方文学的特征。两国文学各有特色，两国作家个性迥异，这种不同是所处地理环境造成的。德国作家具有强烈的个性和创造精神，他们不拘泥于一般规律和程式，积极开拓新的领域和表现方式。法国作家往往更多地受到时代文学权威的影响和传统的制约，他们的创新往往表现在对作品社会效果的追求上。法国人喜爱清新明快、文笔清晰的作品；而德国人最为重视的是作品的主题和思想深度。

她进而提出，文学的生成和作家的创作都是特定地理环境、社会条件及历史时代的产物。即使是最罕见的天才，也和同时代人的水平有联系。希腊文学的辉煌是当时社会条件的产物，而不是个别天才诗人的创造。莎士比亚的悲剧是社会环境的产物，完全与英国民族的处境、社会条件和由此而来的心理状态有关。莫里哀（Molière）喜剧所表现出的精致的情趣和高超的哲理，是人类经过几个世纪的探索才达到的艺术境界。

在评价歌德（Johann Wolfgang von Goethe）塑造的少年维特（Werther）形象时，斯达尔夫人说，"这不是歌德创造出来的东西，他只不过是善于把他描绘出来罢了"（斯达尔夫人：55）。也就是说，作家不仅反映时代，他们根本上就是时代的结果。她对歌德与维特关系的论断很有意义：时代产生了维特这种人物和形象，作家观察并提炼了时代的结晶。斯达尔夫人这一论断的意义在于：一是密切了作者与创造物之间的关系。作者不只是模仿、描摹对象，而是与模仿对象共生，作家与文学都是时代的产物。二是重新定义了作者与作品的关系。这一点意味深长，可以在后来荣格关于音乐造就了音乐家，浮士德造就了歌德的论断中找到共鸣。

斯达尔夫人论述了自然环境对作家产生的重要意义，为丹纳的三要素论和后来的实证主义文学批评提供了丰富的思想资源。

2.1.15　作家是诲人不倦的教师

巴尔扎克是现实主义作家的杰出代表，他把作家看作是社会的书记员和人类的导师，为作家定义了新的形象。他对作家创作的现实性原则、典型性原则，以及作家的才能和作家的法则所展开的精到论述，是现实主义作家论的重要内容。

巴尔扎克的文学观受到了十九世纪的自然科学观，特别是生物进化论的直接影响。他从自然环境对动物进化的影响和决定作用，想到了社会与人的关系。他构想巨著《人间喜剧》的起因就是想通过描写环境对人的影响来塑造千差万别的人物。他认为，文学就是从描写人与生活的关系入手来展现社会风貌的社会风俗史。小说家就是这部风俗史的作者。他明确表示："法国社会将成为历史家，我只应该充当他的秘书"（巴尔扎克，"《人间喜剧》前言"：7）。作家的职责是记录社会历史，严格摹写现实生活。他希望作家可以"成为绘制人类典型的一名画家……成为私生活戏剧场面的叙事人，社会动产的考证家，各种行话的搜集家，以及善行劣迹的记录员"（8）。换言之，巴尔扎克认为作家可以成为社会历史的忠实记录者和成功摹写者。

巴尔扎克还提出了作家的信条，即作家之所以成为作家的品质。他说："作家之所以成为作家，之所以不亚于，甚至还优胜于政治家，就在于他对人间百事的某种决断，对某些原则的忠贞不贰"（8-9）。也就是说，作家不但要忠实地描写现实，还要有自己的道德观和政治见解。他借法国政论家路易·加布里埃尔·安布鲁瓦兹·德·博纳尔德（Louis Gabriel Ambroise de Bonald）的话说，"作家在道德上、政治上应有定见，他应该充当诲人不倦的教师"（巴尔扎克，"《人间喜剧》前言"：9）。巴尔扎克将这段名言奉为圭臬，将它视为保皇派和民主派作家共同的金科玉律。巴尔扎克关于作家信条的论述是超越作家所隶属党派的。作家和政治家不同，政治家总是站在本集团或本派别的立场考虑问题，而作家则不管自身是保皇党还是民主党，都应遵守固定的见解，绝对忠诚于共同的法则，即思想上的人道法则和艺术上的真实性法则。正因为此，巴尔扎克才有可能违背自己的政治倾向，真实地反映社会现实，描写现实的阶级关系，从而揭示出历史发展的必然性。也正是因为他能自觉坚持现实主义的真实性法则，直面人生，他的作品才有了不同寻常的深度。

巴尔扎克在要求作家严格记录和描写现实生活，即强调细节真实的同时，还要求作家写出社会现象背后的原因，以便揭示现象的内在本质。在此之后，作家还需要对自然法则加以思索。如果要使这部作品完整，就必须给它一个结论，一种思考的导向。这其实就是要作家对描写的社会生活给予评判，表达自己的政治见解和社会理想。作家不仅要摹写现实、描写社会、揭示原因、批判现实，还要指出出路，表达社会理想。

在要求作家做好社会生活的秘书和记录员的同时，巴尔扎克还提出了现实主义描写的典型性原则。作家要通过主要事实、主要事件、典型人物表现事物的特性和本质；通过个性表现共性，通过特殊表现一般，以此写出社会风俗史。这样的典型人物最具代表性。巴尔扎克的《人间喜剧》展示的是以人物为中心的社会生活的广阔画卷，每一个人物都有其典型性。典型人物是一个时代一类人的代表。每个典型同时又具有各自独特的个性。塑造典型人物，使得文学形象和场景既是现实生活的再现，又高于实际的人物与环境，这是作家的天才所在。

与文学的现实性和典型性原则相对应，巴尔扎克还论述了作家的才能。他将观察和动笔视为作家的两个基本条件，同时提出了作家的超人视力的概念。写作时，作家既要善于动笔，又要长于构思。此外，"在真正具有哲学气质的诗人或作家头脑里，还发生一种精神现象，这种现象无法解释，非同寻常，科学也难以阐明。这是一种超人的视力，使他们能够在一切可能出现的情况中看透真相。或者，更胜一筹，这是一种难以明言的强大力量，能够将他们送到他们应该去的或想要去的地方"（巴尔扎克，《人间喜剧》序、跋"：214）。这种非凡的视力应该指作家心智情意等诸能力的综合，或者是一种超常的直觉。巴尔扎克将它看作是作家创作天才的表现，能够使作家看到真相，使作品达到一种绝高的境界，从而实现其创作理想。

巴尔扎克所言"作家应该充当诲人不倦的教师"和雪莱说"诗人是世间立法者"几乎异口同声。浪漫主义的伟大诗人和现实主义的杰出代表一道将作者推到了世界的中心。他们都赞同，作者是作品的创造者，是文学世界之意义的赋予者和命名者。在理论上，这一时期风行的实证主义紧扣时代脉搏，凸显着对作家作为创作主体的极度重视，与作家们的伟大创作成就相得益彰，从理论形态上有力地回应和佐证了现实主义作家的创作理念。

2.1.16 种族、环境、时代与艺术家

十九世纪中叶以后，随着法国资本主义迅速发展，科学主义思潮比巴尔扎克时代产生了更为深广的影响，实证主义哲学也风行一时。在科学主义思潮和实证主义哲学的直接影响下，法国艺术理论家丹纳在《论巴尔扎克》《〈英国文学史〉序言》《艺术哲学》中逐步发展并论证了决定文艺创作和发展的三要素：种族、环境与时代。

种族是内在动力，环境是外部压力，时代是后天动量，三种因素相互渗透，共同作用，促进艺术的产生与发展。他的三要素说和斯达尔夫人的自然环境、时代精神、民族精神影响文学的说法一脉相承，也受到了黑格尔（Georg Wilhelm Friedrich Hegel）观点的影响，"每种艺术作品都属于它的时代和它的民族，各有特殊环境，依存于特殊的历史的和其他的观念和目的"（黑格尔：19）。

丹纳在论述时代精神、社会意识对文学艺术的发展所起到的作用时说，艺术家的道路是群众思想和社会风气压力作用下的选择，是"群众思想和社会风气的压力，给艺术家定下一条发展的路，不是压制艺术家，就是逼他改弦易辙"（丹纳：35）。艺术家作为时代的成员，其思想状态受时代的影响。艺术家特殊的气质，也使他/她能够很快把握时代的本质，更细致全面地感受时代的精神气候。

同时，艺术家的创作必然包括了同时代人的共同努力和协助。艺术家头脑中的观念好像是一粒种子，要发芽、开花和结果，必须要从周围人们的精神世界汲取养料。再者，艺术家必然希望其创作受到大众的赞赏。因此，艺术家的心灵中必须装满时代的思想感情，表达群众所了解的风俗习惯。一个作家惟有表达整个时代和民族的生存方式，才能赢得整个时代和民族的情感共鸣。在艺术家"响亮的声音之下，还能辨别出群众的复杂而无穷无尽的歌声，像一大片低沉的嗡嗡声一样，在艺术家四周齐声合唱。只因为有了这一片和声，艺术家才成其为伟大"（35）。的确，艺术家的伟大不仅在于他/她能发出时代的最强音，还在于其歌声中总有群众的参与与和声。

艺术家的产生是种族、环境与时代共同成就的结果，而种族、环境与时代都是通过个体的人作为中介起作用的。丹纳的重点是艺术家创作的内心机制。他不但注重影响艺术创作的社会历史文化环境，更深入人的心理结构，突出对艺术家创作心理、创作特征的探讨。

从作者理论的源流而言，文学受到地域、种族、时代、环境等因素的影响，这是对作者产生的现实条件的重视；作品由作者的性格、气质、心理和习惯等构成，这肯定了作者对于作品的主体地位和创造作用。丹纳充实和丰富了作者理论的内容，对文学的社会历史批评产生了深远影响。

2.1.17　文学是作家的心灵传记

圣伯夫是法国十九世纪最著名的实证主义文学批评家。他主张在文学中应用自然科学的方法，把文学史当作自然史来研究。"我们这些同一门科学的工作者和服务者，都在争取使这门科学尽可能的准确"（圣伯夫[1]，《泰纳[2]的〈英国文学史〉》：205）。他是把自然科学和实证方法运用于文学批评的典型代表。

从实证主义理论出发，圣伯夫认为文学并非一种特殊的社会意识形态，而是某种特定的人的产物，即作家的性格、气质、心理和习惯等因素的构成物。因此，作品的解读与对作者的理解是分不开的。批评的任务在于通过解释作品与作家的关系构建作家形象。因此，批评家就应该像科学家研究生物一样，搜集有关文学家、文学史的事实，包括作家的种族、国家、所生活的时代、家庭出身、幼年环境、所受教育、首次成功与失败等。他说：

> 不去考察人，便很难评价作品，就像考察树，要考察果实。关于一位作家，必须涉及一些问题，它们好像跟研究他的作品毫不相干。例如对宗教的看法如何？对妇女的事情怎样处理？在金钱的问题上又是怎样？他是富有还是贫穷？他有什么样的生活规则？日常工作是什么？总之，他的主要缺点和弱点是什么？每一答案，都和评价一本书或它的作者分不开。（圣伯夫，《新星期一漫谈》：195）

作家与作品密不可分。作家生活的方方面面都会影响其作品创作，所以文学批评需要了解作家的一切。

文学是作家的心灵传记，文学批评就是作家的心灵评传。这是实证主义批评家的主要观点。批评家通过重建作家来解释作品。圣伯夫相信："任何一部伟大作品，只能由一个灵魂、一个独特的精神状态产生——这是一般的规律。……每一位真正的诗人，只可能有一个样本"（圣伯夫，《泰纳的〈英国文学史〉》：204）。批评作品就是要解释作者，解释诗人才能独

---

1 该引用作品又译为圣·佩韦。
2 该引用作品译为泰纳，普遍译为丹纳。

一无二的特性。圣伯夫的这一观点和浪漫主义者柯尔律治"诗即诗人"的断言一致。他们都认为作者是文学批评无可置疑的核心，理解文学的要义在于理解作者。

批评家不但要分析作家，重要的是，要寻找和培养理想的作家。这是圣伯夫文学批评的重要目的。圣伯夫心目中的理想作家是"古典作家"，或"具有古典精神"的作家。

> 一位真正的古典作家，……乃是一位丰富了人类精神的作家；他确实增加了人类的宝藏，使人类又向前跨进一步；他发现了一种精神道德上毫不含糊的真理；或者他在那似乎无不周知、无不探究的心灵里显示了某种永恒的热情；他以某种形式，即广大壮阔的、精微合理的、本身健康美丽的形式，把自己的思维、观察或创见表达出来，他用自己特有的语言风格，对一切人说话，这个风格被发现为整个世界的风格，新鲜而不造新辞，亦今亦古，很容易适合任何时代。(圣伯夫，《什么是古典作家？》: 200)

圣伯夫的"古典作家"之"古典"只是一个概念范畴的代指，并不是时间的分别。这种作家古今都有，适合任何时代。因此，圣伯夫的"古典作家"实际上是指古今都能认可的优秀作家。浪漫主义和现实主义者都表达过他们对理想作家的期待，圣伯夫的"古典作家"就是他心中的理想作家。理想作家体现的是批评家心目中理想文学的标准，因为他们相信，实现人们对文学的期待的是作家。所以，浪漫主义、现实主义和实证主义一道，坚守和信仰作者中心论。丹纳认为圣伯夫的研究方法扭转了文艺理论和批评中的哲学和宗教倾向，使文艺批评回到了自身的轨道。圣伯夫的作者中心论也深刻影响了二十世纪的精神分析文学批评。

2.1.18　小结

古典作者论是作者中心不断确立的过程。作者由世界的模仿者、持镜人成为作品创造者，从而确立了其在文学世界中的权威地位。作者由"迷狂"的代言人，进而成为分有神性、表达崇高情感与美好心灵的个体，最终成为作品意义唯一可靠的赋予者。人类最古老的关于文艺认识的模仿说和灵感说原本是基于两种全然不同的认识：一种是人对自身的确定，一种是人对自身的寻找。在古典时期，导向的结果却是一样的，即作者中心论的确立（习克利，2005：137）。

因为古典时期见证了人对自身充满信心的认识过程，也见证了人作为创造性主体逐渐确立自身权威的过程。尽管人们把握世界和言说意义的方式不同，他们普遍相信：这个世界是有意义的，是可以把握和言说的；人类的情感和理性是可以信赖的。这是作者中心论所赖以建立的基础。随着理性主义的发展，当人被视为世界的中心时，作者在文学活动中也就被确立为创造的主体。浪漫主义和现实主义最终殊途同归，共同推动作者理论发展，确定了作者在文学世界的中心地位。

2.2　走向边缘

近代思想史是人作为理性主体不断失落和被颠覆的过程，也是文学作者不断滑向文学世界边缘的过程。

直觉主义发端于十九世纪中叶，从叔本华到尼采、亨利·柏格森（Henri Bergson）的思想，一直发展到二十世纪弗洛伊德的心理学和让-保罗·萨特（Jean-Paul Sartre）的存在主义，形成直觉主义的人本主义哲学，这个过程纵贯两个世纪。其共同特点是，他们都将审美的艺术活动看作是克服人生悲剧性的途径。直觉的、感觉的思维方式成为艺术的自觉原则，取代了理性思考的方式，这样就从根本上消解了古典作者中心论所赖以存在的根由。从反对理性开始，就开始了对古典作者作为理性主体存在的颠覆。直觉主义引发的文学研究的内转倾向深刻地影响了近代以来的文学创作，预言了现代作者边缘角色的诞生。

现代作家论呈现出与以往不同的特征：对诗性的期待和诗人的弱小成为一条贯穿现代作家论的主线。一方面表现为用艺术直觉对抗理性，无限夸大诗性的作用，甚至将诗性看作是拯救人类精神危机的途径；另一方面又不约而同地反对强调诗人的主体性，甚至要求诗人放弃自我。这是现代作家论的一个悖论。

2.2.1　诗人是人类的明镜

德国哲学家叔本华是唯意志论和直觉主义艺术理论的创始人。他对艺术家和诗人的论述主要集中体现在他的哲学著作代表作《意志和表象的世界》[1]中。在生命意志理论的基础上，叔本华对长于观照和艺术创造的天才的特征与使命等进行了专门的论述。

艺术审美的观照能力人人具备，但只有天才的观照能力是自觉的、持续的。天才的才能表现在他/她能够完全忽视自己的利益、欲望、目的，"完全放弃自己的个性，以便留下来作为纯粹的认识的主体，洞烛世界的明眼"（叔本华：334），并以此为代价，通过坚持不懈和严肃认真的努力，"用匠心独运的艺术手段再现自己的体会"（334）。

天才的禀赋使其具有巨大的认识能力，能超越个人的目的而变成观察世界的眼睛，成为"澄清意志的主体"，成为"这世界的本质的一面明镜"（334）。天才超凡的认识能力使他/她能够从个人意志需要的束缚中解脱出来，为这个世界而激动。天才被赋予了一种永不厌倦的热忱，渴望新奇，渴望崇高，怀有永不满足的憧憬。这些都是他/她创作的源泉和动力。

天才除了天赋的禀性，更是一种具体的、现实的表现和性情。叔本华总结了天才的几个性格特征：具有天才禀赋的人厌恶数学；在天才焕发之

1　普遍译法为《作为意志和表象的世界》。

时往往不达世故；伟大的天才极少与卓越的理性相结合，相反，他/她往往被强烈的情绪和无理的激情所支配（叔本华：337–338）。也就是说，非理性是天才的重要特征之一。叔本华对天才非理性特征的揭示非常有意义，对理解和研究近代作家特质影响深远。

叔本华还专门研究了天才与疯狂之间的关系。他引证了柏拉图、亚里士多德、贺拉斯等人关于疯癫与天才相联系的观点，考据了天才与疯狂的直接关联。他还参观过疯人院，研究过患者病例，研读了当时最高水准的精神病理学著作。他发现，在性格特征上，天才表现为爱好自言自语，而且一般可能会表现出一些近乎疯狂的弱点。天才和疯狂甚至有可能相互转化。诗的灵感甚至被认为是一种疯狂。像疯子一样，有时天才会完全忽视对事物联系的认识。天才缺乏处世的智慧，"能够充分认识理式却不能认识个别的东西"（342）。理解天才与疯狂之间的关系有助于阐明天才的本质。

按照叔本华的看法，所有人都有在一刹那间放弃自己的个性、进行审美观照的能力。"天才之所以胜于常人，只在于其认识能力在程度上更高且持续不断"（343）。他/她能够保持必要的冷静，以便把这样得来的认识再现于任何作品中，这种再现就是艺术作品的创造。艺术家通过作品把他/她所掌握的理式传达给我们。

> 艺术家让我们通过他的眼睛看这世界。他具有这种眼光，他能够离开事物的一切关系认识到事物的本质，那是天才的禀赋，是生而固有的；但是他能够把这种禀赋借给我们，把他的眼光授予我们，这却是后天获得的，是艺术的技巧。（343）

艺术家的眼睛让我们通过纷繁的世界表象，直逼事物的本质。叔本华关于艺术的一切考察，都根据一个真理：即作为艺术家作品萌芽和根源的艺术的对象是柏拉图所说的"理式"。它的力量只能从生活本身、从自然界、从现实世界中汲取，而且只有真正的天才，或者凭借一瞬间灵感而达到天才意境的人才能汲取。真正不朽的作品只能从这种直接感受中产生。这是直觉主义作家论的一个基本观点。

虽然诗的艺术只有少数天才才能掌握，叔本华相信，真正的大诗人的创作必定能够反映全人类的内心生活。这是叔本华对诗人的高度赞许和期望。既然诗人的职责和专长在于对人性的描写，那么，古往今来，一切有关人性的内容都是诗人着力表现的主题。从这个意义上说，"诗人是人类的一面明镜，他使人类意识到自己的情感和憧憬"（叔本华：399）。诗人借给世人观察世界的眼睛，以心灵作为洞察世界本质的明镜，写出人类的情感与憧憬，诗人因而使命高尚。

同时，他/她也必然要始终不断地体会痛苦。不过因为能在艺术中体味到非同一般的美感与快意，所以多能安贫乐道。诗人的困顿烦恼也多能在诗的快感中得到补偿。诗人同艺术家一样，能够认识到现实世界的痛苦，并且通过任何一种艺术形式将这种痛苦的本质加以再现。这就是叔本华所说的艺术家的基本特质。艺术家的天性与职责使他/她能够沉浸在对痛苦的观照之中，深切地体会痛苦，同时也为人类寻找悲剧的意味。艺术的创造和美的观照"对于他还不是人生的出路，而只是暂时的慰藉而已；等到他因观照而提高的精力终于厌倦了这幕悲剧，他便掌握到真实的境界"（417）。艺术的观照带来的只是暂时的慰藉，待他/她成为看破红尘的圣者，方能体会到彻底摆脱生命意志的愉悦。艺术家以自己生命的痛苦为代价，为人类指示着超脱的方向。

世界的本质是痛苦的，要想减轻这无以名状的痛苦，达到暂时的超脱，艺术是在现世能够找到的最好的途径。艺术家引领我们解脱生命的痛苦，也必然要为此付出超乎常人的代价。叔本华从基于直觉的审美观照而得出的丰富的艺术家理论，特别是他对天才和艺术家特质的探究，在当时是独具一格的，对后来的影响是开拓性和方向性的。对艺术家创造能力中直觉特质的重视和强调成为近代作家论的一个明显特征，这不能不说是叔本华开创的先河。

在叔本华的论述中，出现了几个特别值得关注的范畴：审美观照、直觉、天才、悲剧人生等，都颇具现代意味。尤其是叔本华关于悲剧人生的理解，是一种极具现代意识的观念——世界的基调变得灰暗，痛苦成为人生的主题。由此，我们看出，在直觉主义理论家那里，在现代主义先驱的世界里，人生的基调变得悲观，人生本质上成为一出悲剧。这种对世界的看法的变化意义深刻。叔本华敏锐的洞察力和时代意识奠定了现代主义文学世界观的基础，他本人也成为现代主义文学的真正先驱。

叔本华作为近代哲学家，他的生命意志说、直觉主义和悲观主义对古典哲学体系提出了严峻的挑战。他的直觉主义理论不仅直接影响了尼采、柏格森和贝奈戴托·克罗齐（Benedetto Croce），而且对后来的存在主义、弗洛伊德文艺心理学等都产生了巨大影响。他对直觉的强调将人们的目光引向了艺术的非理性因素，这种转变直接影响了近现代文学艺术的走向。从叔本华起，直觉主义由对理性的清算，开始了对古典作者作为理性主体存在的颠覆。

从作者理论的角度，叔本华思想的意义有三：一是沿袭了理式说的传统概念，密切了艺术直觉与诗人迷狂的古老关系。这是叔本华诗人论与传统诗人论直接明了的渊源关系，充分说明了叔本华与传统诗学的联系。他是在传统诗学的基础上加入了自己对时代变迁的洞察，从而赋予了直觉以绝对信任和郑重寄托。二是引领了现代作家论的转向，为现代主义文学加入了"痛苦"这一新元素，也描绘出了现代作家的新形象。三是在强调诗人直觉作用的同时，也清楚地指出，伟大的作品要能够作用于所有时代，不朽的诗篇要能够反映全人类的情感，且在此基础上要求诗人自觉接受人生的痛苦和悲剧本质，并放弃自我和个性。

叔本华的启示在于：所谓的现代主义文学实际是从传统理念中脱胎而出；与古典作家相比，现代作家的确有了不同的任务，也因此具有了新的形象；现代作家的主要作用是内在的，是作用于人类的情感和意志层面，而不是外在的社会历史道德层面；为了做全人类的精神导引者而放弃自我，作家的使命因而更加艰巨，所要付出的代价也更大。叔本华所引发的现代作家论的转向在以后都得到了回应和进一步的发展。

2.2.2　艺术家是生命力充盈的人

尼采同样认为，只有直觉才能促成作者的审美态度和艺术创作，必须恢复直觉，抛弃理性。在《悲剧的诞生》中，尼采借日神和酒神的传说说明艺术的起源与本质。艺术的产生正是由于希腊人看清了人生的悲剧性质，为拯救人生而为。艺术不但拯救了苦难之中的古希腊人，同时也使生命获得自救。尼采因而对通过艺术帮助人们解脱苦难寄予了厚望。

尼采对直觉特征的阐述和对艺术家生命力的强调为诗人论注入了新的内容。直觉在艺术家创作和审美中表现为醉境。尼采说的"醉"涵盖面极广，包括性冲动的"醉"，一切巨大欲望、强烈情绪所造成的"醉"，一切激烈运动的"醉"等等，这些都是引发艺术直觉的条件。对于艺术创作来说，日神的"醉"和酒神的"醉"是两种最重要的直觉状态。它们的具体作用表现在："日神的醉首先使眼睛激动，于是获得了幻觉能力；……在酒神状态下，却是整个情绪系统亢奋，于是一下子调动了它的全部表现手段和扮演、摹仿、变容、变化的能力，各种表情和做戏本领一齐动员"（尼采：320）。"醉"是直觉艺术活动的心理基础，直觉引发艺术审美冲动，促成艺术创作，艺术家因此进入艺术创作的最佳境界。

尼采对艺术家的生理机能给予了空前的强调。他认为，艺术家的性欲与创造力有直接的关联。"对艺术和美的渴望是对性欲癫狂的间接渴望……他的创造力总是随着生殖力的终止而终止"（354）。艺术家的天才则在于能够把这种充盈而旺盛的生命力发挥出来，为此，他/她必须具有强健的力，极端敏锐的某种官能和强烈的模仿冲动。尼采对艺术家的性驱动力给予了空前的强调，这在弗洛伊德那里引起了巨大的回声。

在强调艺术家蓬勃生命力的同时，尼采也强调灵感。不过，他所谓的灵感，并不是天才人物的奇迹，而是指艺术家由于其充盈的创造力被堵塞或被阻挡而产生的突然爆发。可以说灵感有其神秘的一面，但更多是艺术家创造力长期积累的结果，这是一种接近于心理现象的解释。

从艺术创造与醉境的联系出发，尼采把诗人看成是酒神精神的化身。

> 生命意志在其最高类型的牺牲中，为自身的不可穷竭而欢欣鼓舞——我称这为酒神精神，我把这看作是通往悲剧诗人心理的桥梁。不是为了摆脱恐惧和怜悯，不是为了通过猛烈的宣泄而从一种危险的激情中净化自己，而是为了超越恐惧和怜悯，为了成为生成之永恒喜悦本身——这种喜悦在自身中也包含着毁灭的喜悦。（尼采：334）

在与不可违的命运抗争中表现生存的意义和人的价值，将生命的痛苦变为欢乐，这是诗人的可贵之处。尼采在艺术中看到了生命的顽强性、愉悦性和价值。

尼采对生命悲剧的理解，和他将艺术作为人类生命的新支点的看法，都是叔本华思想的直接继承。他以超人意志、酒神精神和"醉"的状态对抗悲剧，超越痛苦是他对直觉主义理论的积极贡献。他对艺术家充盈生命力的强调显示了文艺理论向潜意识、生命冲动这一方向发展的趋势，对现代主义文学及心理批评产生了直接的影响。

2.2.3　绵延、超脱与直觉

柏格森是法国哲学家和美学家，是生命哲学和直觉主义的代表，于1928年获诺贝尔文学奖，其文学思想的代表作是《笑——论滑稽的意义》。

生命是一种不息的、继续的和不可分割的过程，是一种宇宙的运动。生命的冲动或意识的绵延才是唯一的实在。绵延是严格属于心灵的一种不可分割的过程，"是一个其中各因素相互渗透之绝对多样性的体系"（柏格森：154）。柏格森通过"绵延"这个概念概括一切生命现象和人的心灵的运动过程，以此建立人的生命的纯粹的时间形式。因此，他力主将哲学对象从空间转移到时间，从外部物质现象进入内在的运动变化过程，以直觉为基础，建立新的生命哲学替代传统的科学和理性主义。

他认为，把握生命和世界本质的方法只有直觉。艺术是直觉的真正所在，艺术家是最具直觉能力的人。"在自然和我们之间，甚且在我们自己和自己意识之间，隔着一幅帐幔——这帐幔对于一般群众是厚重而晦暗的，对于艺术家和诗人却是稀薄而几乎透明的"（柏格森：154）。这幅相隔在我们自己与意识之间的帐幔是由我们的功利心、个人利益的实际需要所造成的，它使我们只看到世界实用的表象而妨碍我们认识世界的本质。艺术家之所以能揭示深刻的现实，是因为艺术家是人类中最具超脱心灵的人，因而也是最富于直觉能力的人。艺术家具有一种自然的超脱，可以以一种纯真的方式，即直觉的方式破除事物的实用方面，达到深刻的实在。直觉能力即艺术的创造力。艺术家的直觉能力越强，表现意识流越准确，作品也就越优秀。

诗人所创造的人物就是诗人自己。这是柏格森在研究悲剧诗人和喜剧诗人时的发现。

> 诗的想象不过是对现实的更彻底的洞观。假如一个诗人所创造的人物能够给予我们以生气盎然的印象，这不外是因为这些人物就是诗人自己——是诗人自身的增殖或分裂——因为诗人探测他自己的性灵的深处，这样竭力观察其内心，所以他把握到现实中的潜能，而且采纳了天性在他灵魂中留下的粗具轮廓或草图似的东西，而以此来制成一件完整的艺术作品。（163）

我们从中可以看出，诗人创造的源泉有三：一是诗人自身的增殖或分裂。增殖是经验的丰富和想象力的扩展，分裂是对自身个性的深刻探讨和多种可能性的比较与选择。诗人的创作首先有赖于对自身灵魂深处、内心情感世界深入的体会和观察。二是对现实生活中潜在素材的把握。诗人内心的激动需要现实生活的触发和点燃。三是天性在诗人灵魂中的印记和启示。这有些柏拉图所谓"理式"的意思。也就是说，诗人具备天生的灵性和某种特殊的禀赋与倾向，这使他们对现实中某些特殊的素材有独特的感悟。一旦这些素材与诗人天性中早已具备的轮廓或草图相符，就会激发诗人的创作。诗人对自身丰富内心世界的深刻体验，对现实素材的敏感把握，以及先验存在的天性倾向三者共同作用，就是诗的创作。

这三方面都以诗人为主体。诗的创作就是诗人个性的放大，就是诗人自身诸种机能的调和与共同作用的结果。诗人的直觉起着最为重要的作用。艺术家要凭借直觉表现超脱社会生活的主观心灵状态。艺术的目的就在于打破禁锢感情的理性外壳，真诚揭示心灵的秘密，揭示遮掩在生活帐幔之下的深刻现实。

柏格森的直觉主义和生命哲学直接启发了意识流心理学的创立，促成了意识流文学的兴起。他的心理时间观给了现代派作家更多的自由去尝试新的创作手法，表现内心自我，探索意识轨迹，以主观性、跳跃性的时间代替日常时间。柏格森是现代派文学理论的奠基人之一。意识流文学在二十世纪初的蓬勃发展很大程度上得益于柏格森的意识流理论。

为了确定艺术的本质，意大利哲学家和文论家克罗齐通过阐明直觉不是什么而确定直觉的内涵。他说，"我的答复——艺术即直觉——是从它绝对否定的一切及与艺术有区别的一切中汲取力量和含义的"（克罗齐：209）。第一，直觉不是表现物理的事实。第二，直觉不是表现快感，也与功利无关。第三，直觉作为一种表现，不是道德活动。第四，艺术既非科学，又非哲学。直觉是直观的、感觉的知识，与概念的、理性的知识相对立。克罗齐将文艺作为人自身精神活动的一部分来考察，进一步探讨和揭示了直觉的内涵和范畴。他把直觉与艺术的关系更直接地表述为艺术即直觉，直觉即表现，并且强调直觉是心灵的直接感悟。克罗齐的直觉主义既确定了直觉的范畴，又扩大了直觉的领地。

叔本华、尼采、柏格森和克罗齐对"直觉"概念的确立以及深入探讨，突出了艺术家的特点和艺术的内在规律，张扬了天才、灵感和艺术的特殊功能。他们都将作家的主观心灵放在第一重要的位置。另一个重要的共同特点是：他们都眷恋文学的魅力，相信作家创造力的可靠和作家存在对于这个世界的重要性。他们因而都热切地肯定作家的生命价值，并且不约而同地将艺术视为这个令人失望的世界的拯救之途。

他们严格区分了艺术与科学的界限，反对艺术从属于理性、道德和实用功利的目的，极力开拓艺术的独立领地。他们关于非理性、无意识、生命冲动和意识绵延的论述直接启发了象征主义、唯美主义、心理分析批评、意识流和形式主义等对文学艺术的理解。他们对现代社会深刻的反省和批判，对人生或悲观或达观或超脱的态度，经由存在主义和弗洛伊德主义等诠释，对西方社会思潮产生了深远的影响，很大程度上也可以说是铸就了现代主义文学的面貌。

直觉主义以后，文学研究开始内转，将作者研究引向了作者意识、直觉等心理领域，转向了对作家以直觉感知世界这一方式的关注，开始了对作者内心秘密的解读。弗洛伊德明确地把现代心理学与文艺学结合起来，开文艺心理学研究之风，极大地改变了古往今来人们所理解的作家形象。

2.2.4　欲望、无意识、精神病与白日梦

长期以来，就文学生成而言，两种传统的观点是模仿说和表现说，即文学要么是对现实生活的模仿，要么是对主观情感的表达。弗洛伊德认为，文学艺术的发生既非源于人类模仿的天性，也不是出自人们表现情感的愿望，而是来源于人欲望的升华。他把性欲的内驱力称为力比多（libido），用以解释一切精神活动的能量来源。力比多的活动遵循两条原则：快乐原则（pleasure principle）和现实原则（reality principle）。由于它构成无意识活动中最强盛的性冲动，现实中必不能容其为所欲为，而需对其加以节制，令剩余精力向其他途径转移发泄，文学艺术即是其转移的形式之一。

与力比多理论直接相关，弗洛伊德把人格结构分为三个层次——本我（id）、自我（ego）、超我（super-ego），它们和心理结构的三个意识层次相对——无意识、前意识、显意识。本我处于无意识状态，是人格结构的最底层，本我的原则是趋乐避苦，获得快乐是人类一切行动的基本动机。这种快乐原则常常与现实环境发生冲突，就由自我进行调节。前意识控制自我的本能，使它处于意识和无意识之间。超我是体现社会利益的心理机制，运用社会原则来压抑本我冲动。但是，本我的原欲若在现实中长期受到压抑得不到满足，就会导致人的精神疾病，甚至使人毁灭。于是，自我和超我就让原欲在梦中或在幻象中得到宣泄。

于是，本我的原欲，或无意识的本能，作为人的终极动力，也被弗洛伊德看作是文学发生的原初动力。文学艺术的本质是用一种社会可以接受的文化现象来补偿现实中不能被满足的原欲，使其在想象中得到白日梦式的满足和精神升华。白日梦和艺术作品都是被压抑的欲望得以满足的形式。

在对无意识和白日梦进行职业性的精神分析中，弗洛伊德几乎将诗人与精神病人等同。在他看来，"艺术家基本上是性格内向者，与精神病患者相去不远。他承受着本能欲望异乎寻常的逼迫"（弗洛伊德，1987：42）。弗洛伊德说，艺术家的幸运在于其发现了释放压抑的正当渠道，将自己所受的压抑乔装改扮，宣泄得体面而正经，且易为公众接受。

> 真正的艺术家……知道如何润饰他的白日梦，使之失去个人色彩，而为他人共同欣赏；他又知道如何加以充分地修改，使不道德等等根源不易被人探悉。第二，他又有一种神秘的才能，能处理特殊的材料，直到忠实地表示出幻想的观念；他又知道如何以强烈的快乐附丽在幻念之上，至少可暂时使压抑作用受到控制而无所施其技。他若能将这些事情一一完成，那么他就可使他人共同享受潜意识的快乐，从而引起他们的感戴和赞赏。（弗洛伊德，1984：303-304）

对于作家而言，通过作品中的幻象意欲得到的是其在现实中无法得到的。弗洛伊德的理论给予诗人正视内心隐秘的理由。作家不肯轻易吐露的无意识中被压抑的欲望，正是精神分析家进行文学传记批评时所追踪和揭示的目标。文学作品中人物坦白的行为原本是为了隐藏自己内心深处的幻想，而在精神分析批评中，却恰恰成了引人探索不可示人之内心隐秘处的路标。

弗洛伊德将作品视为作者梦的升华或无意识欲望的象征性表述，承续的是作者中心论的理念。精神分析参照作者生平对作品进行按图索骥的批评方法，是传记批评和实证主义批评在心理分析领域的应用。

弗洛伊德用欲望、无意识、精神病、白日梦描述作家创作的隐秘动机，对作家的心理结构进行精神分析，打开了诗人心灵黑暗的隐蔽处，击碎了长久以来笼罩在诗人头上的神圣光环，撕破了人类的体面和文学诗意的美丽，将宛若神明的浪漫主义诗人和自喻为人类导师的现实主义作家还原为欲望更盛、痛苦更多的个体。从一定意义上讲，这是对浪漫主义诗人自我神化和现实作家理性至上的反拨，从根本上改变了作家面貌。自此，名号各异的现代主义作家沿着弗洛伊德开辟的道路出现在文学舞台上，也将自己陈列于批评家的显微镜和解剖刀下。

2.2.5　心理、幻觉与集体无意识

弗洛伊德以"性本能"阐释全部文化的精神动力，长期以来招惹了众多非议。即使是他的追随者，也认识到了其理论的偏颇。荣格便将文艺思想的重心从个人无意识移开，转向了集体无意识。荣格阐明了心理学在进行文学研究时的两大方向：一是艺术创作论，他以心理型创作与幻觉型创作划分艺术创作类型，说明艺术作品形成的心理过程；一是艺术家人格论，他提出作为个人的艺术家和作为艺术家的个人的概念，揭示影响诗人艺术创造的各种因素。

针对弗洛伊德用无意识、性欲和白日梦来解释文艺创作，认为文艺是性欲的转移与升华的观点，荣格指出，以个人无意识来解释作品，具有太多的随机性。他承认弗洛伊德的精神分析说启发了文学史家，将作品中的一些特征与作家的无意识世界联系起来，但同时，他批评弗洛伊德随心所欲地得出草率结论。荣格尤其反对把诗人看成精神病人，他认为弗洛伊德用赤裸裸的情欲玷污了文学创作的崇高。

在荣格看来，艺术本质上不是科学，艺术作品也不是作家心理疾病的记录。艺术和科学是人类心灵领域两种不同特质的东西，从心理学角度研究艺术必须采取与对待疾病全然不同的态度，因为艺术作品是一种超越了个人的东西。依此，荣格分析了艺术作品的两种类型和创作方法：一种是心理的，一种是幻觉的。心理型作品采用人类意识领域的素材，如生活的教训、感情的冲动、激情的经验，以及一般人类命运的危机等，这些内容构成人的意识生活，特别是人的感情生活。这种素材被诗人的心灵同化，经过自由加工，从寻常的平凡事提高到诗的水平。这些主题曾被重复过千百万次，意义明确，不需要心理分析。诗人可以根据自身的意图进行创作，让创作素材服务于自己的主题，使作品表现出独立的意志和趣味。这类作品是诗人心灵的写照。

幻觉型作品的题材来源不明。如果研究者按照弗洛伊德派的心理学批评方法，认为隐晦意义的根本在于作家个人的独特经验，而且希望找出诗人有时候要对我们隐瞒这些经验的原因，那么就会倾向于把幻觉型的作品当成病理学问题来研究。这便是弗洛伊德心理学派对文学的曲解。换一种思路，这些意义原本应该源自天才的作品：天才的幻觉与精神病人的狂想之间只有一步之差，弗洛伊德很可能混淆了两者。一个作家身上容易被弗洛伊德看作是精神病病症的地方，荣格则把它看作天才的特质。

荣格将艺术创作中的幻觉与弗洛伊德所认为的疯癫彻底区别开来，明确提出诗人的幻觉不只是诗人个人的心理经验，"幻觉代表着一种比人类激情更深刻更动人的经验"（荣格：361）。荣格将幻觉所指由诗人的个人体验扩大到全人类的激情，原始的经验，乃至神话的精神，为自己迥异于弗洛伊德的诗人论奠定了坚固的基础。荣格进而说明，这种艺术家的幻觉是真正的象征，属于直觉的范畴，它指向未知的和隐蔽着的事物。"凡是在幻觉中出现的东西，便是集体的下意识。我们所谓的集体的下意识，指遗传势力所形成的某种心灵倾向；意识就是由它发展而成的"（364）。这里的"集体的下意识"就是指"集体无意识"。集体无意识对文学的作用在于，它是对意识的自觉倾向的补偿，能够有目的地使意识从片面、病态和危险的状态恢复平衡。

　　荣格的意思是，自从有文化以来，原型意象便湮没在人类的无意识之中，每当时代脱节，人类社会出现严重错误时，它们就在艺术家和先知的幻想之中出现，从而恢复时代的平衡。诗人的作品便这样来适应他/她所生活的那个社会的精神需要。正是为了这个原因，对他/她来说，作品要比个人命运重要得多。换言之，作家自身受关注与否并不是荣格文论的要义。作品的意义能够长存，是因为人类永远需要文学赋予人生意义。个别人的祸福是无关紧要的，只有人类的生存与之有关。这就是为什么每一件伟大的艺术作品都是客观的和非个人的，但仍然能够深深打动我们每个人的原因。

　　荣格相信，伟大的诗歌总是从人类的生活中汲取力量。每当集体无意识变成一种活生生的经验，并且影响到一个时代的自觉意识观念时，它对于每个生活在那一时代的人而言，就都具有重大意义。一部艺术作品被创作出来以后，也就包含着时代传递的信息。"每个诗人，不论他的重要性若何，总是用成千上万人的声音来说话，预告了其时代意识观点的转变"（366）。因此，诗人原始幻觉的根基是人类代代相传的集体无意识，诗人在幻觉型作品中是无意识的代言人，从而补偿了时代意识的局限，指引了时代的新方向。

在艺术家人格论研究中，荣格区分了两种诗人类型：一种是作为个人的艺术家，一种是作为艺术家的个人。作为个人的艺术家也许符合弗洛伊德的心理分析，而作为艺术家的个人是肩负特殊使命的人，是集体无意识的代言人（荣格：367-368）。荣格对这两种不同诗人概念的划分是理解他与弗洛伊德诗人论区别的钥匙。

由诗人的个人经历推论作品，并依此解释诗人创造力的奥秘，这是弗洛伊德的伟大发现。诗人的精神气质渗透了他/她的全部作品，个人因素极大地影响着诗人对素材的选择和运用。荣格承认，这都是弗洛伊德学派值得称道的成就。但他认为，作品"应该远远高于个人生活的领域之上，它以诗人其人的精神和心灵诉诸人类的精神和心灵。这艺术领域内，个人的因素是一种局限——甚至是一种罪过"（367）。诗人通过自己的作品反映时代观念的变化和人类心灵的诉求。如果因为突出个人的东西而弱化反映全人类心灵的内容，这无疑是对自身职责的亵渎甚至背叛。

对于弗洛伊德学派将艺术家无一例外地看作自恋倾向者，即发育不全的、具有自恋品质的人的观点，荣格针锋相对地指出：只有涉及作为个人的艺术家时，这种说法才能成立；对于作为艺术家的个人，这种说法则毫无道理。作为艺术家的个人是真正意义上的艺术家。真正的艺术家作为富于创造性的人，是两种或多种矛盾倾向的统一体。一方面，他/她是一个过着个体生活的人类成员；另一方面，他/她又是无个性的创作过程的主导。因此，荣格提出艺术家"本质上是他自己的作品的工具"（370）。艺术创作的动力来自于艺术家神圣的迷狂，来源于集体无意识的创作冲动和激情。它独立于自觉意志之外，按照自身固有的倾向显现和消逝。这是一种超越艺术家个人的强大力量，艺术家正是听从它的召唤完成自己的艺术创作。它会无情地奴役艺术家，使之不惜牺牲健康和作为普通人的幸福去完成自己的作品。

作为一个艺术家，他便是更高意义上的"人"——他是"集体的人"（collective man）——这种人负荷着和体现着人类的下意识的心灵生活。为了完成这个艰巨任务，他有时候必须牺牲自己的幸福，牺牲一切使得人生对于寻常的人值得生活下去的东西。（荣格：368）

艺术家人格的二重性表现在：一方面是作为普通人，他/她向往幸福、如意和安宁的生活；另一方面是作为艺术家，他/她要残酷无情地拒绝甚至践踏自己的个人欲望。与普通人相比，艺术家会被召唤去完成一种更伟大的使命。他/她别无选择，惟有为其天赋的创造热情付出昂贵的代价，甚至不惜生命的枯竭。在这个意义上，作为一个作家，他/她的意识与无意识原型没有什么关系，甚至其个人生活与作品也没有什么关联。因为作为艺术家的个人，他/她是客观的、无个性色彩的人。作为个人的艺术家，他/她就是自己的作品，而不是一个人。荣格对作为艺术家的个人和作为个人的艺术家的划分，对艺术家人格二重性的界说，具有深刻的启示意义。

荣格所谓作家代集体无意识立言的艺术创作动力论，无疑比弗洛伊德的理论向前推进了一步。在荣格看来，一个伟大作家的胸怀中沉淀有湮没在种族记忆中的初始意象，并且肩负着人类代代传承的伟大使命，他/她能够引人回首，并激发对于个人和种族情绪都至关重要的心理机制。诗人不再是仅做着关乎自己白日梦的宣泄者，他/她要为自己的种族乃至全人类而书写歌唱，这使命艰巨而光荣、崇高甚或悲壮。

荣格的作家观明显带有浪漫主义的印记。诗人传达全人类代代相传的集体无意识，是人类神话的承继者和时代理想的代言人，这一观点无疑具有柏拉图"诗人代神立言"的色彩，又具有雪莱《诗之辩护》中"诗人是先知"的意味。这是荣格一再强调的思想，他无疑比弗洛伊德的视野要开阔得多，其精神对后来新批评的先驱 T.S.艾略特（Thomas Stearns Eliot）在《传统与个人才能》中的观点及形式主义都有一定的影响。

荣格学说的积极意义是显而易见的，他对文学动力的解释要比弗洛伊德文明、体面得多。但是，弗洛伊德的学说指导了更多作家的创作。尽管荣格的理论令人鼓舞，但弗洛伊德的影响却难以估量。可以说，在两者之间，二十世纪的人们更多地选择了弗洛伊德，这也从一方面反映了二十世纪人类的精神面貌。

2.2.6　作家与神话

荣格的集体无意识理论和J.G.弗雷泽（James George Frazer）的《金枝》中关于原始神话和宗教仪式的人类学研究结合密切。原型批评就是从人学、人类学和心理学的融合中发展出来的。诺思罗普·弗莱（Northrop Frye）是加拿大文学理论家，他的《批评的解剖》被视为原型批评的经典。

弗莱把文学中的神话象征称为原型。它作为文学中可传播、可交流的单位，是典型的即反复出现的意象。文学实践虽然离不开作家的个人创造性，但使得作家能够突破个人因素而与人类的文学经验相联系的却是原型。作家的创造性和意义也主要表现为对神话原型的发现和模仿，以及对神话原型中潜藏的人类深层愿望的揭示。因此，弗莱眼中的作家可以理解为神话原型的发现者和模仿者，他们通过神话揭示人类的愿望，反映时代的变迁。这样的作家是人类神话的传人，这是符合逻辑的推论。

在对文学原型进行阐述时，弗莱表达了艺术具有独立生命的观点。他主张，诗和诗人一样，是自然产生的，诗人的任务是在诗降生于人间时尽可能地不让它受到损伤。"如果诗是有生命的，它同样急于要摆脱诗人；它大声疾呼，要摆脱诗人个人的回忆和联想，摆脱他自我表现的愿望，以及其他一切和他的自我有联系的脐带和进展管道"（弗莱：378）。也就是说，诗是人类共有的精神财富，诗有独立的生命和存在。诗人的任务只是把天地间早已存在的一部书打开给人看。诗人是这部书的传达者，而不是浪漫主义所谓的无中生有的创造者。在这一点上，弗莱和荣格的看法一致，也和他将作家视为神话传人的观念相符。

神话原型批评把文学理论与现代心理学、文化人类学等多种学科融会贯通，从深层的社会文化心理角度研究文学的发生和发展，开拓了文学研究的领地，建立了文学创作与文学传统以及人类文化的广泛联系，比弗洛伊德的精神分析批评显示出更为深广的理论视野。

神话原型批评作家观极大地拓展了诗人存在的空间蕴义和文化背景。虽然好像是对诗人个体的不重视，但它从更广泛、更深刻的意义上，反映了诗人作为一个整体存在对于人类的贡献。作为个体的诗人或者说个性张扬的诗人被弱化了，诗人的整体意象却更加清晰，其重要性更加突出。诗人指引集体无意识的时代风标，诗人传递人类神话不灭的薪火，都是从一个新的视角为浪漫主义的理想写下了坚实的注脚。只要人类生生不息，只要神话代代相传，只要集体无意识不断绵延，诗人总会最早在人群中发出自己的声音。

从作者理论源流上讲，荣格和弗莱的原型批评既是对直觉主义过分注重个体的反拨，也是对柏拉图诗人神性论的回归。

2.2.7 诗意栖居、存在与天命

海德格尔的诗论在二十世纪独树一帜，不仅因为他在这样一个技术与物质的社会里引人回首了一片诗意的天空，更因为他从人的本真存在的意义上恢复了诗的沉重。他也由此延续了西方文论中把诗人定位为介于神性与人性之间的悠远传统。

海德格尔是德国著名哲学家，通常被称为存在主义哲学的创始人。像其他现代思想家一样，海德格尔思想的起点是对技术世界的批判与对现代人精神荒原的不满。海德格尔注意到，形而上学将人本主义的信念转化为隐蔽的哲学形式，人们对理性的信赖已经远远超过了对神性的信仰。智慧的算计取代了神性之思，成为人生存的基础。为了更有效地贯彻人的自我意志，支配万物，人发展了技术。人对技术控制的意愿越迫切，所创造的一系列新技术就越使人受制于技术的控制。因此，人在获得了一些现实利益的同时，却面临着很大的危险。针对技术的危险，海德格尔将希望寄托

于艺术的拯救。

　　与技术地栖居相对，海德格尔提出了"诗意地栖居"的观念，并将看护人类诗意地栖居的重任托付于诗人。人在大地上的栖居实际上有两种形式：一是现实世界中的技术栖居；二是海德格尔所吁请和竭力澄清的诗意栖居。正是诗人的诗意活动保障了人的栖居，建立了存在(神)与万物的联系。诗人为我们带来走向存在和神性的消息，为我们看护人诗意栖居的家园。

　　诗人传达着人类对神性的渴望。在海德格尔看来，对神性的渴望是人的本真天性，只要人回到自己的本真天性，就必定会以神性的尺度衡量自身，追寻神的踪迹。"'人用神性度量自身'。神性是人衡量他居住、居于大地之上天空之下的'尺度'"(海德格尔：192)。诗人的创作就是沉思、领悟和采纳这种原初尺度的活动，是诗意的行为。诗人用言说为世界命名，吁请万物的到来。诗人赋予万物以意义，引导天、地、人、神的出场。

　　正是基于这种对诗人作用的认识，面对时代的贫乏，海德格尔才从他钟爱的诗人那里看到拯救的希望。诗人为贫乏的时代带来未来的希望。约翰·克里斯蒂安·弗里德里希·荷尔德林（Johann Christian Friedrich Hölderlin）被海德格尔称为"乃是在一贫乏时代的诗人的先驱者"（129），他的诗传达的是神的声音，是为了聆听神的召唤的诗人及时代的先行者而写的。他的诗是存在的天命，而不是人的声音。诗人传达贫乏时代的天命，歌吟回家之诗，即返回大地和自然，回归本源的存在。大地与天空、神以及众生合为一体，人与大地万物亲密无间。人类依此与当今这个技术统治的世界相抗衡。

　　海德格尔高度评价诗人，倡导诗意地栖居，将与物质时代抗争的使命交付于诗人。他鼓舞诗人坚守艺术的贞节，以与这个充满物欲、精神贫乏的时代作艰难却又伟大的抗争。

　　在仰望海德格尔信赖与钟情的诗人的同时，我们也应该注意到海德格尔诗人论中的一个悖论，即对诗人作用的倚重和对诗人主体的轻视。海德格尔对诗人作为技术时代的拯救者所寄予的希望是明显的，但他对诗人作为个人的主体性的反对也是明确的。

依照海德格尔的观点，诗人是作为艺术的中介而存在的，这是他的一个重要思想。他把作品定义为大地与世界的冲突，即存在的意义化和无意义化的冲突。诗人只是使这一冲突成为作品的中介，在作品创作中便自行消失。作品真正的作者不是诗人，而是世界与大地的冲突，是真与非真的冲突。天地间自有诗意在，诗意是人类栖居大地的一种本真存在。本真之诗是存在以语言确立自身的方式，而诗人的吟唱中总回荡着存在的言说。因此，在伟大的诗篇里，我们所看到的不是人的词语而是神的记号，所听到的不是人的声音而是天命的声音。

2.2.8 现代诗人的悖论

近代以来，强调诗性的重要与放逐诗人的个性其实是许多思想家不谋而合的看法。这个悖论实际上可以从两个方面来理解：一是存在之意义重大，言说之意义重大，诗被寄寓了重大的期望；二是诗人只是作为言说的工具和存在的媒介，诗人的主体性和个体意志消弭于诗之重负。换言之，现代诗人的悖论体现为：诗性无比重要，诗人微不足道。

我们从直觉主义哲学家那里可以发觉这种思想的端倪。叔本华找到表现直觉的最好方式是艺术创造和艺术欣赏。他所看重的诗人的伟大就在于诗人能够放弃自我意志，用自己的痛苦为人类指引一条超脱之路。与叔本华的观点相近，新批评的先驱艾略特则强调诗人要放弃个性、表现传统。他特别强调了传统对于诗人的重要性，提出了诗人的非个人化主张，倡导诗人要尽量多地了解文学传统，了解真实的历史，并向其他诗人学习。对传统了解得越深，个性成分越少，作品反映的时代精神和传统底蕴越精深，诗人就越能够获得承认。荣格则直接提出，艺术家是具有极其特殊命运的人，是艺术实现自我意志的工具。诗人作为人类精神代表的伟大和作为个体生命的脆弱，是荣格诗人论中的一对矛盾。这和海德格尔的诗人论有着内在的相似性。

　　无论叔本华、艾略特还是荣格，他们所表达出来的对诗人的期望与矛盾和海德格尔的诗人论是一致的。在表达了对技术世界的批判与对现代人精神荒原的不满之后，他们都不约而同地把期待的目光转向了诗性的拯救，要求诗人肩负起对抗技术意志甚至拯救人类精神的使命。同时，他们又反对强调诗人的主体性，甚至要求诗人放弃自我。

　　这里便隐藏着一个巨大的危险，这种危险甚至超越了时代危机和世界物质统治危险本身。这种危险在于，如果江河日下而英雄不再，那人类混沌迷惘、不知所向的境况便随时会发生。在传统、无意识、存在之说等日见重要以资抵御文明倒退之时，如果一味地将诗斥为唯心、虚无之解脱，则显得狭隘与蒙昧。在专业分工日细、劳作日益量化管理之当今，正需要将传统等传至人们日益脆弱的心灵。大多数哲人的选择是诗，他们都愿意让诗人来承担这些品质传承的使命，但同时，他们却拒斥诗人的个体生命。他们相信，这个时代需要传统，需要神话，需要诗意，需要神性。惟有诗人才能承续传统，书写神话，看护诗意，带回神性。这个任务虽然光荣却异常艰巨。它很容易导致的一个终极问题是：如果诗人不堪重负，那将如何？

2.2.9　小结

　　这是外在世界太过强大、个体生命日益弱小的时代；这是个体生命澎湃但又个性消失的时代。思想家们对无意识、神话、传统和天命等给予了本体性的强调，究其缘由，乃在于他们发现，在现代社会里，本体过于强大，而作为主体的人则显得过于弱小。思想家们表现出来的对诗人如对英雄般的留恋和如对先知、救世主般的信任，反映了现代人在强大的物质世界面前的脆弱和束手无策。对现实的沉湎使现代人遗忘了太多本不该忘记的东西，如无意识、神话、传统和天命等。荣格、艾略特和海德格尔等人重新发现了它们并将其一一拾起，托付于他们所信赖的诗人。哲学家们对诗性拯救的呼吁和诗人个体的弱小之间的悖论，既是现代诗人处境的尴尬，也是现代人的局限与困境。

以直觉主义为先导，包括心理分析、存在主义在内的作者理论由于自身的悖论已经包含了自我否定的因素，为文论的语言学转向提供了契机。在一定范围内，直觉主义以来的作者理论显示出固守作者中心论与走向边缘这两股力量的双向互动，是古典作者中心论与走向消解的现代作者理论之间的桥梁。

2.3　作者消解论

现代语言学的兴起为古典作者论向现代作者论转变提供了有力的工具，直接促成了古典作者中心论的彻底覆灭。所谓语言学作者论指的是俄国形式主义、英美新批评、法国结构主义及后来的解构主义等侧重对作品进行语言、形式和结构分析的文论中所涉及的作者理论。语言学转向是二十世纪西方文论最显著的一个特征。它使文论关注的目光从作家转到了作品，乃至读者对作品的接受。这种研究中心的转移反映了文学观念的历史性、根本性变化。

二十世纪六十年代，法国思想家巴特以一种极端的方式再次挑起了关于作者的纷争。他的《作者之死》和福柯的《作者是什么?》这两篇论文自发表以来主导了几乎所有关于作者问题的讨论。所以，现代作者理论以作者之死为中心节点，从巴特所谓作者之死萌芽的形式主义开始，到以后现代作者的消解为其自然的结果，明显地反映出作家从被搁置在文学世界的边缘至被消解的轨迹。

形式主义对现代作者理论具有特殊的重要性，其重要性并不在于它对作者理论的直接论述，而在于它对现代作者理论发展进程的巨大影响。形式主义以文学批评的职业化和专业化终结了传统的作者中心论，以文本研究作为中心的文学观改变了现代作者理论的方向，它对作者意图的辨析开启了隐含作者等新的思路，它与新批评所倡导的文本细读策略和批评方法丰富了文学阅读体验和创作技巧。其后继者提出作者之死之时，正是以培养作家为己任的创意写作教学兴盛繁荣的开始，这种文学理论与创作实践的悖论也应该引起我们对现代文学理论的深刻反思。

根据作者理论的实际情况，《作者之死》和《作者是什么？》是作者消解论的两篇核心文献。依照本书体例，这两篇核心文献将在"经典案例分析"部分辟出专章论述。为避免重复，本部分主要以形式主义和后现代作者论为例证，阐述现代作者消解的表征与缘由。

后现代文化是一个特殊的现象，它的诸多特征对文学作者影响巨大。"作者是什么"及"谁是作者"应当成为我们正视和关注的话题。大众文化时代的平庸写作，语言游戏中的作者之死，作者沦为语言狂欢和文化市场的同谋等等，应该说比较准确地描述了后现代作者的形象。作者境况与文学状况密切相连，后现代文化中的作者境况其实也是人类精神状态的一种反映。

2.3.1　诗人、传统与个人才能

传统的作者理论因循浪漫主义以来对作者个性的强调，认为文学创作是作者个性的凸显和表现。到了十九世纪末，这种趋势成为对作家个人生活的关注，文学批评演变为作家生活研究，大学开设的英国文学课也只关注传记中作者个人的逸闻趣事。出于对作者中心论的矫枉过正，出现了对文学批评专业化的呼唤，希望能够对文学批评的领域和任务予以界定和澄清。现代主义诗人艾略特和形式主义批评家回应了这种呼声。

艾略特的非个人化理论把文学研究的中心从作家转向了作品本身。在相信作品是作家个性反映的浪漫主义依然流行的时候，艾略特提出了诗要逃避感情、逃避个性的主张。他从作者视角出发达个人观点，为作者中心论向作品中心论的转变提供了早期的推动力。

在《传统与个人才能》中，艾略特提出了现代主义非个人化的论点。文章分两个部分，第一部分讲诗与传统的关系，涉及两个特别概念：一是"传统"，它包含历史意识，"任何人想在25岁以上还要继续做诗人的"都应该具有这种历史意识；另一个是"秩序"，主要指诗人与过去的关系（艾略特：260）。艾略特诗人论的贡献也在于此：诗人与艺术家的历史意识使他/她意识到自己的地位与当代的关系；诗人要有对秩序的自觉，知道作为诗人的艰难与责任；诗人要明了与过去的关系，现在是对过去的一种觉识、觉悟；诗人要博学多识，知道得越多越好；诗人只有适应、适合传统，才能成为传统的一部分。"诗人必须获得或发展对于过去的意识，也必须在他的毕生事业中继续发展这个意识"（261）。这些观点无疑是新颖而富有建设性的，对诗人具有极强的指导作用和实践意义。诗人必须通晓文学史，不能靠崇拜一两个作家或流派训练自己，而是要系统扎实地学习并领会文学传统。

艾略特在第一部分的中心论点是："一个艺术家的前进是不断地牺牲自己，不断地消灭自己的个性"（261）。消灭自己即趋向传统，融于传统。他强调传统意识，认为只有消灭个性，艺术才可以说达到了科学的地步。这是当时科学化的影响，也道出了艾略特诗人论与传统诗人论的最大不同。追求文学的科学化与客观化，是艾略特的落脚点，也是形式主义的目标。文学批评中大量的科学性工作借助形式主义得以实施和完成，所以形式主义和新批评终究会汇合。

第二部分的主要内容是诗与作者的关系，其中心论点是"诚实的批评和敏感的鉴赏，并不注意诗人，而注意诗"（261），文学批评家的任务应该是分析作者的情绪与感觉构成，尤其是作者的词汇、语句和意象等。这和形式主义的着眼点显然一致。在论及诗与作者的关系时，艾略特的语言是科学化的，他用化学上的接触作用来比喻诗人心灵如何发挥作用，使用了很多诸如"气体混合""化合作用""硫酸""白金丝""储藏器""化合物"之类的字眼（262）。他主张诗人工具论，"诗人没有什么个性可以表现，只有一个特殊的工具，只是工具，不是个性，使种种印象和经验就在这个工具里用种种特别的意想不到的方式来相互结合"（艾略特：263）。

确切地说，艾略特强调作者创作的非个人化，提倡作者学习并借鉴传统。其诗论内容丰富、涉猎广泛，论诗人、论传统、论历史意识，还对情绪与感觉提出了独到见解，这都让后来的诗人受益良多。

2.3.2　形式、文本与专业化 [1]

通常认为，形式主义与作者理论并无直接联系，因为它是以否定作者研究为前提的，它所倡导的文本中心论也与作者理论背道而驰。但仔细推究，形式主义对作者理论却有着特殊意义。这种意义并不在于它对作者理论的论述，而在于它以否定的方式对现代作者理论所产生的巨大影响。它不但终结了传统的作者中心论，而且改变了现代作者理论的方向。

与艾略特从诗人的角度论诗不同，形式主义的兴起代表了二十世纪初学术批评职业化和专业化的努力方向。形式主义批评家主张文学批评研究文学问题，反对当时流行的以作者为中心的心理批评、传记批评和历史批评，这可以看作是"对作者作为文学阐释的中心这一观点的反驳"（Bennett：73）。

俄国形式主义批评家和语言学家罗曼·雅各布森（Roman Jakobson）抨击了文学批评对传记因素的过分强调。他主张文学研究的科学化，认为文学研究不能始于作者的生平经历、思想观点和社会时尚等因素的研究，因为这些外在因素不仅不能恰当阐释文学作品的内在特性与规律，反而易于误导研究者，把文学作品或者视为作者的传记，或者视为社会生活的机械摹写和教育读者的工具。他提出了文学性的概念："文学科学的对象

1　2.3.2—2.3.5节主要内容曾以论文形式发表，参见刁克利：《形式主义对现代作者理论的影响》，载《中国人民大学学报》2014年第6期。

不是文学而是文学性（literariness），即那个使某一作品成为文学作品的东西"（转引自 Eichenbaum：107）。

早期的形式主义观点倾向于否认作者与文本的任何联系，希望保持文学批评的纯洁，以语言和文本为基础，把文学文本作为批评的中心，将文学研究的焦点集中在作品的形式上，比如文体、语言、结构、技巧、程序等。

形式主义并非不知道作者研究的重要性，而是严格界定了文学批评与作者研究的界限，把作家的生活与作品分离开来。在《形式主义批评家》中，美国新批评主将克林思·布鲁克斯（Cleanth Brooks）认可"作品表现了作者独特的个性；作者在创作中怀有各种不同的动机……但是，形式主义批评家主要关注的是作品本身。对作者思想状况的研究会使批评家将注意力从作品本身转向对作者的个人经历和心理的研究"（布鲁克斯：280）。

布鲁克斯认为，这类对作者个人经历和心理的研究属于创作过程研究，虽然"很有价值，很有必要，却并不能等同于对文学作品本身的批评"（281）。通过强调文学性和科学性的主张与实践，形式主义建构了自己的新领地。它从文本中心论的角度界定文学批评，不关注作家创作，而强调对作品本身的研究。它把文本批评等同于文学批评。

如果我们对形式主义作者观进行总结，就会发现以下几个特点。

首先，形式主义作者观认可作者研究，认为它自有其重要性。它也认可作者研究的基本原则：作品表现作者个性，作者创作各有动机和意图。它不认可的是作者研究应该成为文学批评的主要内容。

其次，形式主义作者观关注作者在作品中实现了的意图。布鲁克斯认为，作者意图是作者在作品中实现了的意图，而非构思过程中或未获得体现或未能成功体现的意图。"只有作者在作品中实现了的意图才能算数，至于作者写作时怎样设想，或者作者现在回忆起当初如何设想，都不能作为依据"（281）。因而，某种程度上也可以说，形式主义不关注作品的构思和创作过程，而是关注作者的创作结果，即作者意图在文本中的实现。形式主义关注的是作品中的作者意图，并且认为其批评可以解释作者意图。

形式主义以其文学批评的专业化和科学化划定了批评的领域，分离了作者研究和文本批评，使得批评的对象由人（作者）转向物（文本），从而终结了传统的作者中心论。同时，它以作者与文本阐释的联系作为纽带和思路研究作者，将作者研究限制在特定的范围。如果说，传统作者理论重在作者的生成和对作品创作的研究，现代作者理论重在作者意图的体现及其对作品阐释的影响研究，那么，这种分野和界限正是由形式主义的作者观所奠定的。在这个意义上，通过界定作者与文本的特殊关系，形式主义奠定了现代作者理论的基调，开启了现代作者理论研究的新道路。

2.3.3 意图谬误与为作者辩护

作者意图是现代作者理论的核心术语，对于作者意图的争论构成了现代作者理论的重要内容。在《意图谬见》[1]中，威廉·维姆萨特（William K. Wimsatt）对作者意图下的定义是："所谓意图就是作者内心的构思或计划。意图同作者对自己作品的态度、他的看法、他动笔的始因等有着显著的关联"（维姆萨特：295）。他承认作者意图的存在，但他不认为这可以作为衡量一部文学作品成功与否的标准。

意图谬误并非否定作者意图，而是强调作者意图不同于作品研究，二者各有分野。"诗的批评和作者心理学是两个领域。对作者心理学的历史研究就是文学传记，这是一个合理的、有吸引力的研究工作。当人们指出在文学研究的大雅之堂上，关于个人身世的研究同关于诗本身的研究有明显区别时，也不必就抱着贬抑的态度。然而，混淆这两种研究的危险是存在的"（298）。作者研究与文本批评无高下之分，而是各有领域，各有侧重，不可混淆。如果作者意图得到了体现，它就是文学批评的一部分，否

---

1 又译为《意图谬误》。

则就毫无意义。

意图谬误反映了形式主义的文学观，也道出了它对作者研究疆域的限定。它把作者研究限定为创作心理学和创作论研究。如果按照形式主义对文学批评的定义，文学批评就是对文本艺术性的研究。那么，创作心理学和创作论研究都不属于作品论，作者研究因而不能成为专业化的、科学化的文学批评范畴。从形式主义对作者意图和意图谬误的论述中，可以引出不同的文学观念，以及什么是有效的文学批评等争论。

意图谬误论遭到了不少挑战。对此给予重要回应的有：E.D.赫施（Eric Donald Hirsch）的《解释的有效性》与《阐释的目标》（*The Aims of Interpretation*），欧文的《意图主义者的阐释：一种哲学性释辩》（*Intentionalist Interpretation: A Philosophical Explanation and Defense*）等。其中最有影响的是赫施在《解释的有效性》中从意图主义观点出发所表达的为作者辩护的思想。

赫施反对现代主义的非个人化和新批评的反意图论，他历数了过去四十年中对文本意味着作者所指这一观点的攻击。这种攻击首先由艾略特、埃兹拉·庞德（Ezra Pound）等人发起。赫施将他们的观点总结为：文本独立于作者的控制，"最好的诗是非个人的、客观的、独立自主的"（赫施：369），与作者的生活切断联系，自成一体。后来的海德格尔和荣格则推波助澜，导致了作者的放逐。而作者被放逐的结果是"当批评家们蓄意要撇开原作者时，他们自己就篡夺了作者的位置"（371）。对作者的放逐导致理论的混乱，其结果是："在过去只存在一个作者的地方，现在涌现了一大批，每个人都有着像下一个人一样多的权威性。排除了作为意义决定者的原作者，就是拒绝了惟一令人感兴趣的、能把有效性赋予解释的标准原则"（371）。而另一个结果是："并不真的存在着一个支配着本文解释的标准的理想……如果本文的意义不是作者的，那么，就不可能有一种解释会与本文的这个意义相符合，即使本文没有确定的或可确定的意义。如果有位理论家想要拯救有效性的理想，他就必须拯救作者"（赫施：371）。赫施把理解作者意图视作有效的阐释，把作者意图提高到了文学批评标准的高度。

在《解释的有效性》中，赫施对"作者的放逐""本文的意思在变化""作者想要表示什么无关紧要""作者的意义是难以达到的""作者常常并不知道他要表示的意思是什么"等逐一进行了辩驳，从多方面为作者意图说进行了辩护。在他为作者辩护所作的努力中，赫施重新定义了作品的意味（significance）和意思（meaning），解释了意义体验（meaning experience）的不可复制性与意义的不可复制性的不同。他还指出了作者意图的不同阐释和公众舆论的不当之处，并对文本意义和作者意欲表现的意义进行了对比。赫施的观点和结论虽然并不彻底，难以令人信服，但从中可以看出巨大的理论发展和思辨空间。

意图主义者为了在作者意图的论战中守住作者的阵地，对文学批评进行了多方位的理论拓展，由此也带出很多值得进一步探讨的问题：如何理解文学文本阐释中的作者身份、作者位置、作者意图？作者是一种人物、功能，还是角色？作为社会历史存在的实际作者与文本中显现的隐含作者、故事的叙述者有何区别？如何界定表面作者、隐含作者和假设作者？这种界定和区分的动机何在，有何必要？文学阐释的目标应该是哪种作者？阅读与阐释、批评的区分与关联何在？何为有效的阅读、阐释与批评？这种种问题都值得思考，这些区分也至关重要。

对上述这些问题的思考和争论构成了现代作者理论的重要内容，使得现代作者理论呈现出和传统作者理论不同的面貌。换言之，形式主义从作者与文本联系的角度界定作者，强调作者的文本属性，改变了现代作者理论的方向。在辩驳和争论的过程中，又有更多文论家提出了作者理论的新范畴、新概念和新思路。因此可以说，现代作者理论方向的改变肇始于形式主义，由形式主义奠基的关于文本与作者关系的争论主导了二十世纪文学理论的浪潮。

意图主义者对意图谬误的反驳和作者建构的提出，旨在争取作者在阐释中的地位，加强作者在阐释中的作用，但他们非但没有摆脱形式主义的文本阐释轨道，而且实质上正沿着形式主义设定的联系作者与文本的思路向前推进。而真正意义上的作者理论建构并不仅仅在于争取作者在文学理论中的地位，强调作者在文本阐释中的作用，更在于说明作者对于文学和文学理论的重要性。所以，更彻底的作者建构应该在反思和批判形式主义作者理论的基础上调转方向，开辟新的天地。

这一新的方向就是由以文本为中心的作者阐释理论向以创作为中心的作者理论转变。只要不摆脱形式主义，无论多么彻底的作者理论都是作者阐释理论，都是文本阐释中的作者问题研究。真正不依附于文本中心的作者理论应该且必须从文本阐释中挣脱出来，确立其独立的问题和范畴，如此来彰显作者理论的独特性和重要性。独立的、富有特色的和具有特殊重要性的作者理论建构不能因循文本阐释的老路子，必须另辟蹊径，其包含的基本理念是：作者既是在文本中体现其意图的作者，是其意图在阐释中不断开放的作者，更是现实的、历史的、作为群体或个体的作者。新的作者理论是形式主义、意图主义作者理论与传统作家研究的综合。

由形式主义对作者意图谬误的论述，以及意图主义者对作者的辩护而引出的作者理论重建的话题，看似反差巨大，但并不意外，因为形式主义理论自身就蕴含着悖论。创意写作的兴起与繁荣足以佐证这一点。

2.3.4 文本细读与创意写作的兴起

形式主义批评家声称"不从作家创作的角度，而从作品本身结构的角度来叙述"（布鲁克斯：283）。在具体的文学批评中，他们研究作品中张力、象征的展开，谈论反讽和反讽的解决，关注作品的技巧，从作品本身的能动形式来描述棘手的素材如何被认识和处理等等。当这些技巧被形式主义批评家娴熟地运用到文学课堂上时，无论文学批评还是创作都能从中受益。形式主义所倡导的文本细读策略和批评方法丰富了文学阅读体验，有利于培养有见识的、专业化的读者，提高读者的文学鉴赏能力。

而文学鉴赏能力的提高无疑会促进文学创作。形式主义的批评实践和文本理念提高了作家的文本细读和剖析能力，为文学创作提供了借鉴，也激发了作家学习文学经典和探索文学创作技巧的自觉意识。这也从一个方面解释了西方现代文学史上不断出现文学试验的原因所在。

根据形式主义的批评观和它对理想文本的期待，我们可以推断出形式主义的理想作者：具有敏锐的文学鉴赏能力，具有系统而扎实的文学传统知识，具有积极探索文学技巧的自觉意识，愿意不断探索文学创作手段，自觉革新文学创作方法。或者说，理想作者以创新文学方式为己任，以革新文学形式为要义。要言之，形式主义的理想作者应该具有系统而扎实的文学理论知识和自觉的文学创新意识，是专业化、职业化的作者。这种作者意识或理想作者形象在创意写作教学中得到了完美的体现。

二十世纪三十年代，在主张形式主义和新批评的教授们统治英美文学课堂时，创意写作悄然出现。一些批评家既是教师，又是诗人。通过在文学批评和创意写作之间建立合作关系，他们共同开始了培养职业作家的事业，开启了一种新型的教学机制——写作工坊。创意写作采用以写作工坊为核心的教学模式，即以导师组织学生创作和研讨各自的作品为主。导师以激发学生的创作热情，传授切实有用的创作经验，发展学生的创作个性为主要教学原则。教学目的是让学生创作出具有一定水准的文学作品。工作室的教学方式类似同行评议。导师的角色既是写作指导教练，又是具有经验的同行；教学过程中既倡导平等民主，又有竞争，突出以作家为中心的阅读方式。

至二十世纪六十年代，在"作者之死"甚嚣尘上之时，创意写作教育蓬勃兴盛于美国校园。创意写作教育可以被视为一种以作家创作为中心的阅读策略与文本批评方法。在理论上，创意写作拓展了文学批评的疆域，界定了文学创作与文学批评的新关系。"它重申了文本在课堂教学中的客体性，以及作者意图和主体性在文学学习和研究中的重要性……相对于作者之死，它把作者放回了文本"（Wandor：5）。创意写作的兴起阶段正是形式主义和新批评在文学批评中逐渐式微的时期，创意写作蓬勃开展的年代正是文学理论宣布"作者之死"的时候。

2.3.5　形式主义的悖论

形式主义作者理论的悖论具体表现在：一是以否定作者的方式开启并主导了现代作者理论的方向，二是以终结作者的宣言及其引发的争论将作者理论带入争论的中心，三是它所倡导的文本细读方式以否定作者为出发点却起到了培育作家的目的。这既是形式主义作者理论的悖论，也是自二十世纪初直至目前的文学理论与创作实践的脱节和背离。这应该引起我们对文学批评、理论建构和创作实践的多重思考，也应该把我们对文学与文学性等基本命题的反思引向更深的层次。

形式主义关于作者的探讨是封闭型的。作者构建与作者身份在形式主义那里缩略为作者的文本功能、阐释功能，作者的社会属性、历史属性和文化属性被抹杀了。就文本功能而言，作者意图从作者的写作意图到被阐释的意图，已经远离意图本身，演变为批评家意图。这种封闭型的以文本为中心的批评理念使得作者失去了存在的合法性和重要性，缩小了作者存在的空间和领地。形式主义试图把文学批评划入所谓科学化的范畴，背离了作者作为人、文学作为人学的基本命题；标榜文学批评的专业化和科学化，使文学失去了对于一般读者的吸引力。形式主义对作者的拒斥，最终导致了"作者之死"的产生，引发了自二十世纪中期直到现在关于作者的最大争论。

切断文本与作者的联系，此为形式主义理论上的失误。其细读文本的策略和教学方式，客观上实现了对作家精细化和专业化的培养，推动和保障了创意写作的持续繁荣。这既是形式主义对于文学创作实践的作用和意义，又是对其忽视作者之理论主张的讽刺。具体来说，作家在形式主义切断文本与作者联系的课堂上会时时想到自己，从而学会了成为作家的最大原则——背叛。这种背叛是对传统的背叛，对形式主义理论说教的背叛。

换言之，形式主义的作者既是形式主义的受益者，又是形式主义的叛逆者。他/她在掌握形式主义技法的同时，亦要立即抛弃割裂作者与文本联系的主张，回过头来寻找形式主义批评中缺失的"人"，意识到作者作为主体的创造性和自觉性。这是形式主义的实践悖论，可谓意味深长。此外，它的后继者以决绝的方式提出的"作者之死"并未将作者逼上死路，相反却激起了新的争论，将作者问题重新带入文学理论的视野。这是形式主义的理论悖论。

形式主义所隐含的悖论反映了我们这个时代的特点，即文学世界中作者的边缘化和现实世界中人的边缘化高度一致。这既是理论的尴尬，也是现代人的尴尬。它把我们带回到形式主义的思想起点 —— 以职业化和专业化之名，将文学批评关注的对象由人转变为物，这便是悖论的肇始和缘由。这种尴尬也许早就注定，不可避免。那么，我们在反思形式主义作者理论的悖论的时候，也许还应该思考这种职业化、专业化的对与错、是与非，以及这种转变带来的理论与人的尴尬。职业化和专业化对于科学研究而言或许是必须且有益的，但对于文学抑或整个人文学科而言则不一定。文学理论也许应该重新界定其关注的对象和疆域，人也许应该重新安放自己在这个世界中的位置，定义自己的存在及与这个世界的关系。作者理论则有必要挣脱形式主义的枷锁，重新构建作者与文学、作者与人的密切联系。

2.3.6　后现代作者境况

"后现代"作为一个史学概念，指二战以后出现的后工业社会或信息时代。它同时也是一个文化学和社会学概念，指思想被语言异化、自我主体消解、文化商品化、感性世界空前突出、意义危机出现和话语转换的时期。后现代主义是后现代社会中的一种文化哲学思潮。它力图打破传统形而上学的中心性、整体性观念，倡导综合性、无主导性的文化哲学。精神维度消逝、本能成为一切、主体消亡等，都使冷漠的纯客观写作成为后现代文化的标志。

后现代文化的诸多特征对作者的影响是巨大的。在这个急速变化的、强大的、物质的世界面前，作为精神产品的创造者，后现代作家显得缺乏招架之力，他们被世界挟带淹没，被分解得七零八落。在传统的作者被解构之后，后现代作家很难有一个比较鲜明、准确的形象。

美国西方马克思主义文论家詹明信在考察后现代主义文化的特征时指出，在后现代社会中，主体、自我、理性等业已丧失了中心地位，零散化为一些空洞的符号。空前的文化扩张已经使文化完全大众化，高雅文化和通俗文化、纯文学与俗文学之间的界限基本消失。后现代文化打破了艺术与生活的界限，彻底进入人们的日常生活，并成为众多消费品中的一类。"实际情况是，今天的美学生产已经与商品生产普遍结合起来"（詹明信[1]: 453）。艺术进入商品流通，大规模的机械复制与生产开始盛行。后现代艺术家为了适应这种需要，不再像现代派艺术家那样刻意追求个人风格，而是开始大规模的机械复制与文化生产，批量制作没有个人风格的文化消费品。

后现代主义写作削平了所有的深层模式，把一切都平面化。后现代作者已经不再以一种怀疑的态度进行不断的否定，他们同生活中的平凡人一样充满困惑并且对困惑不知所措。后现代作者丧失了被神灵凭附的特权，没有了全知全能的视角，消解了其真理见证者的身份，放弃了为大众寻求归宿的使命。后现代作者仅仅是一个身处当下的普通人，一个写作者。后现代作者的文本不再具有永恒性，其意义存在于不断解释和解构的过程之中。一切都难以把握，一切都只是过程。面对时代潮汐的强大，自身弱小的后现代作者无力抗拒。大众文化时代作者的平庸实是一种无奈。

在解构主义者看来，作者与作品之间固有的亲缘关系以及作者对文本的设定，会对文本游戏和语言游戏形成阻碍，会遏制自由阅读的无限快

---

1 该引用作品又译为詹姆逊。

感，所以必须解构作者。惟有在作者死去之后，真正的读者才能产生，读者才能毫无束缚地参与文本的语言游戏，在没有作者的文本中进入一种无中心、无秩序、无原则的狂欢境地。

解构主义对语言狂欢的强调和诠释学与接受理论对读者的重视有异曲同工之处，都不约而同地促成了作者的消解。读者接受理论所指归的一切为了读者的爱好和需要的思想和现代社会消费观不谋而合。在接受理论中，读者被表述为文学实现的最终目的。在后现代文化市场上，读者可以说是文学创作最初的起点。两者的结论都是，读者的需要促成了文本的产生和作品价值的实现。那么，接下去的问题便是：读者是否代替了作者的文学创作功能？读者是商品社会里真正的上帝吗？

按照快乐原则和消费原则操作的文本游戏实际上剥夺了读者自我思考的能力和面对现实生活的权利。现代生活中人的精神压力越来越大，但现代人却在文本的愉悦中越来越麻痹放松，因而文学的精神抚慰作用正逐渐被心理咨询所替代。作为消费者的读者掏钱将思考的权利拱手让人，自己却陶然沉醉于别人为之制作的充满幻象的文本游戏之中。这种虚幻快乐的代价是自己成为无知的被剥夺者。

文化市场操作中最大的受益者其实是部分出版社或书商或文学经纪人，而非读者，读者终不过是被利用、被剥夺、被误读、被策划的对象。一些出版社和书商可谓最后的数钱人，是读者欲望的制造者，快乐文本的策划者与实施者：他们捕捉市场，培植需要，操纵文化，预制创作命题。那么，从更宽泛的意义上讲，他们是文化活动的作者吗？也未必。因为他们必须消除个人意志而听命于市场，或者说，他们必须牺牲作为阅读个体的好恶而听命于市场的行情。在文化生产的语境下，市场可直接简化表述为读者的需要。一方面，文化操作者以市场为导向，以利润为指归，为读者需要把脉，然后再对症下药。另一方面，文化操作者自身是市场的傀儡，他们培育市场，制造读者的需要，是自我意志的消解者和被市场异化的对象。

　　而作为中心的读者其实是最彻底的消解对象。这是因为，读者被千方百计满足的各种需要是制造出来的，是具有肥皂泡沫性质的。这可以是也确实是商品社会的特点。然而，对于精神特质依然未泯的人来说，他/她不可回避地受制于其所存在的现实。这种制造出来的短暂的满足只能是一种片刻的安慰和调剂，并不能够稍加掩饰或者平服他/她内心感到的现实中确实存在的不谐调。相反，这种短暂的满足反而剥夺了他/她直面现实的机会和思考空间。

　　那么，究竟谁是作者？在文化生产的语境下，这成了一个有些怂恿调侃意味同时又多少有些沉重的话题。处于后现代文学世界中心的读者是个被满足和被剥夺的对象。作者是这个怪圈的随波逐流者，又是推波助澜者。后现代作者或与书商合谋，或与快乐文本游戏作伴，或干脆做了文化消费品的生产者。他们有的还加入了消解古典文化的行列，成了经典的戏说者、篡改者、谋杀者，使文以载道的经典作品面目全非地呈现在新一代读者面前。受后现代文化操纵的作者是社会机器和信息意志的傀儡、文化操作的帮凶，他们共同谋划经典文化的解体、理性批判意识的消解。

　　在后现代文化生产语境下，文本作为文化消费品，它的署名作者不过是集体创意的执笔人、一个书写者、一个外在意志的工具。果然如是，后现代作者便真的主动放弃了话语权利，用自己的手书写着芸芸众生的喧哗。写作成了后现代无所不包的消费中的一种，作者成了被消费者。于是，写作要符合消费规则：用户至上。这样，传统意义上的作者就真的死了。后现代的作者是死于文学生产的策划，死于对读者市场的过分倚重，从根本上说，是死于对自我理性和思考权利的放弃。进而言之，当人不再需要智慧的启示和精神的导引，当人放弃了思考的权利和理性的质疑，这时，死去的也许不只是作者。

　　随着网络的普及和阅读写作智能化的发展，任何人都可以轻而易举地发表自己的作品，成为一个文本的作者。每个读者又都能解构原作，成为续写者和新的作者。写作真正变成了一种游戏和参与，作者和读者之间的界限消失了。后现代以游戏的方式解构了危机中的人类理性，实际上也解构了人自身。后现代鼓吹的文化消费观消费着这个一切都能成为商品的世界，消费着作为人类特性的精神存在，实际上就是消费着人自己。

2.3.7 小结

从历史上看，作者之死并没有看上去那么可怕。因为这原本就是文论史上一个经常提及的话题。可以说，自文学作者诞生之日起，对其非难就从未停止过。柏拉图为了理想国的根本大义驱逐过诗人，奥古斯丁以上帝的名义斥责过诗人模仿的拙劣，文艺复兴时期的高森曾侮辱诗人是国家的害虫，黑格尔从宗教的兴盛预言了艺术的终结，皮科克则在崇尚理性、科学和政治经济学的年代论证过诗歌只是一种不合时宜、毫无用处的东西。这些都是对作家不利的证明。

从另一方面说，作家的消失和隐退作为一种写作策略久已有之。自然主义提倡作家在作品中主动隐退，小说家詹姆斯·乔伊斯（James Joyce）则在意识流创作中将作家定位为漠然的上帝，这些都是作家主动求变的写作技巧和策略。

然而，这种种放逐和隐退与后现代语境下的作者之死有截然不同的意味。后现代语境中的作者之死是二十世纪文论重形式、重阐释、轻内容、轻意义的发展趋势使然。在新世纪之初，文学的领地日见缩小，文学作者的空间日渐受到挤压，为作者辩护的声音变得微弱。在作者中心论相继被文本中心、读者中心及各种后理论乃至泛文化研究取代之后，在传统文学观念相继被颠覆之后，新文学理论的构建也许还是要从关于文学和作家的基本命题开始。

2.4 建构与重生

在1.3节中已提过，现代作者理论通过它所受到的彻底否定而显现。所以，现代作者理论研究意味着批评精神的独立与重建。它注定不会和时下的文学理论话语轻易合流，却与文学理论的走向密切相关。

以史观之，巴特所说的"作者之死"不过是人类历史上多次出现的对作者的质疑之一。这种质疑周而复始，规律地出现，本不足为奇。然而，这一次对作者的颠覆之彻底实属前所未见，需要认真对待和反思：既要循其路径而入，探其究竟，又要另辟蹊径而出，先破而后立；既要承接传统，回应当下，又要凿通未来之路，重新构建，开疆辟土。因而，现代作者理论研究有双重任务：既要对作者理论进行梳理、总结和反思，又要对作者理论进行突围、超越和重建。之所以必须对现代作者理论予以反思，是因为其对当代文学理论影响巨大；之所以必须予以突围和超越，乃在于现代作者理论自身无法克服局限。

因此，关于现代作者理论的探讨一方面如上文所言，要追溯形式主义的产生、发展及至作者之死的线索，另一方面则要寻找为作者理论建构和重生所作的努力。女性主义和现代作者的新命名提供了现代作者理论建构和重生的例证。

2.4.1 女性主义作者理论 [1]

女性主义的历史很大程度上是重新发现和建构女性作者身份的历史。女性主义既可以看作是生理表征、文化现象，也可以看作是意识形态的斗争。通过对女性主义经典理论著作的解读，可以发现女性主义与作者理论的密切联系，探讨作者身份对于女性的涵义，阐明女性主义为建构作者身

---

[1] 该节主要内容曾以论文形式发表，参见刁克利：《女性主义对作者身份的建构》，载《中国人民大学学报》2017年第2期。

份而作的抗争与贡献及其存在的局限。在文本中心和作者之死的理论潮流中，女性主义对作者身份的建构重申并凸显了作者的主体性和作者理论的重要意义。

二十世纪被称为批评的世纪，文本中心论、读者中心论和文化研究等构成了文学理论的主流。传统的作者中心论被取代，作者的消解与死亡成为主流观点。与此相反，如果我们仔细审视女性主义经典理论著作，不难发现：女性主义的历史很大程度上是重新发现和建构女性作者身份的历史。早期的女性作者使用男性笔名代表了身份的藏匿和对男性作者权威的自然认同。"雌雄同体"的提出意在超越性别的羁绊。对"第二性"的揭示和对女性创造力的检讨是对女性作者特质的反思的开始。如《阁楼上的疯女人》就以揭示作品背后的女性作者为目标，寻找和描写完整的女性作者。

因为要从强大的男性传统中争得一席之地，女性主义为建构和确立作者身份而进行的论争不仅涉及性别意识形态、经典的界定和文学史的改写，也是人类对自身宽容意识的审视。女性主义重构了作品和作者之间的密切联系，这既是对作者之死的有力反击，更是对作者的坚定辩护。女性主义经典作家在揭示女性作者的困境、阐释和建构女性作者的身份中所体现出来的性别之惑和性别之争，对于我们反思现代文学理论乃至人类思想的状况都有深刻的启发。

2.4.1.1 "自己的房间"与雌雄同体

《一个自己的房间》是女性主义的第一部重要文献。弗吉尼亚·伍尔夫（Virginia Woolf）强调了物质条件和社会地位对于女性成为作家的必要性。以往的文学研究很少提到物质条件对于文学创作的重要性，甚至认为物质条件是最不重要的。这是女性主义的独特视角，也是以往文学研究中最容易忽略的一部分。《一个自己的房间》以女性与小说创作为主题，开宗明义，直接点出女性写作与物质条件的关系。伍尔夫首先提出，"女人要想写小说，必须有钱，再加一间自己的房间"（伍尔夫[1]：3-4），随后便发挥小说家的想象力，以漫步的方式带读者体验女性的历史。

十八世纪前的女性默默无闻，历史对她不闻不问。如果莎士比亚有一个天资聪颖的妹妹，她也只能藏身十字街口。女性作家不仅受到男性的低看、社会舆论的影响，还难以避免地受到自己内心的禁锢。举几个例子：夏洛蒂·勃朗特（Charlotte Brontë）曾用柯勒·贝尔（Currer Bell）作为笔名，乔治·艾略特（George Eliot）、乔治·桑（George Sand）也曾试图用男性笔名掩饰其女性身份，结果却是徒劳，她们无一不是内心冲突的牺牲品。到了十九世纪，人们仍不鼓励女性成为艺术家。"艺术家的头脑必须是明净的……不能有窒碍，不能有未燃尽的杂质"（119）。这样才能成就一流的、伟大的、像莎士比亚一样的艺术家，而女性很难达到这种精神状态。

十九世纪，四位著名的女性作家简·奥斯汀（Jane Austen）、夏洛蒂·勃朗特、艾米莉·勃朗特（Emily Brontë）、乔治·艾略特都没有子女，创作的文本类型都是小说。原因可能是写小说不需要格外专注，毕竟她们都没有自己的书房，都是在全家共用的起居室写作，在操持家务的间隙写作。这种写作环境中的女作家难免心怀激愤，其心境难以达到明净的止境，即艺术创作的理想精神状态。伍尔夫从小说与现实的关系开始论述，指出女性作者由于积怨，总不能舒卷自如地写作。而女性写作之缺乏传统，则是根本的困难。"所谓困难，指的是她们身后缺乏一个传统，或者这个传统历时很短、又不完整，对她们帮助不大。因为我们作为女性，是通过母亲来回溯历史的。求助伟大的男性作家启示于事无补"（163）。伍尔夫首次提出了女性文学的传统，这一点将在后来得到女性主义者的积极响应。

伍尔夫在最后一章提出了"雌雄同体"的理念，这是她留给女性主义的又一大精神遗产。她指出，我们每个人的头脑都受到两种力量的制约。

1　该引用作品又译为吴尔夫。

> 在男性的头脑中，男人支配女人，在女性的头脑中，女人支配男人。正常的和适意的存在状态是，两人情意相投，和睦地生活中一起……睿智的头脑是雌雄同体的……在此番交融完成后，头脑才能充分汲取营养，发挥它的所有功能。(伍尔夫：211)

作为女性主义的先驱，伍尔夫论及了女性写作的方方面面，提出了后来女性主义关注的许多基本问题：女性写作的物质基础、独立意识、父权社会的压迫、女性传统、女性特质、男性意识和女性意识的和谐相处、雌雄同体的理想等等。对于女性作家面临的种种问题，她寄希望于社会的改变和女性自身的改变，包括职业机会的均等和社会女性观念的更新等。这个时间为一百年。现在，一百多年过去了，很多问题已成为女性主义的经典问题。对于探讨女性作家必须面对和克服的社会和舆论环境，如何让女性达到理想的创作状态，成为更好的作家，甚至成为理想的作家，伍尔夫贡献良多。

2.4.1.2 "第二性"与创造力

较之于《一个自己的房间》，西蒙娜·德·波伏娃（Simone de Beauvoir）的《第二性》写得汪洋大气。较之于伍尔夫文笔的清澈流畅，波伏娃写得厚实而张扬。《第二性》是一部大部头著作，融思想史、女性史、心理史和社会史为一体。

《第二性》分两部。第一部为《事实与神话》。波伏娃从生物学、精神分析学和历史唯物主义的观点解析女性的命运，提出为什么女人是他者。她根据存在主义哲学，从人种志和人类史的证据追溯女人的历史，在这个过程中，她发现，"这个世界总是属于男人的"（波伏娃[1]，《第二性I》：87），女人整体上处于附庸地位。她从人类发展史中总结出了男人笔下关于女人

---

1 该引用作品又译为波伏瓦。

的神话，即男人在女人身上寻找整个自我，而女人成为世界上的一切非本质事物。为了证实普遍存在的女性神话，波伏娃分析了五位男性作家笔下的女性角色。结论是，"每个作家在界定女人的时候，也界定了他的一般伦理观和他对自身的特殊看法：他往往也在她的身上记录自己对世界的看法和自恋的梦想之间存在的距离"（波伏娃，《第二性I》：341–342）。男性作家笔下的女性神话是男性心理欲望的表征。波伏娃从女性的角度重新评价男性作家笔下的女性形象，总结出她们被扭曲、被夸张、被利用的一面，启发了后来的女性主义重估文学史，重建女性传统，以及重新确立女性形象。

第二部为《实际体验》，讲述和分析女性的成长、处境、辩解和走向解放。她开篇即提出一个著名的观点："女人不是天生的，而是后天形成的"（波伏娃，《第二性II》：9）。最后一部分"走向解放"重点论述了独立的女性，提出了工作对保证女性具体自由的重要意义，但同时也说明，即使女性参加了工作，即使伍尔夫时代的大部分女性问题得以解决，女性的独立仍然是在半路上。

《第二性》是从女人的整个处境研究女人。在第一部和第二部的卷尾，波伏娃分别研究了男性作家笔下的女性角色，既描述了男性作家创作时的心理和实质，也研究了从事创造性工作的女演员和想成为作家的女人。像伍尔夫一样，波伏娃同样看到了女性作家的局限，提出了理想的写作状态，指出了女性解放的途径和希冀。波伏娃提出创作的理想境界是："艺术、文学、哲学是在人的自由、即创造者的自由之上重造世界的尝试，首先必须毫不含糊地成为一种自由，以便拥有这样的抱负"（575）。对于女性作家而言，第一要务是生存，是存在；第二要务是自由，是独立；之后才能谈得上创造——身心自由、完全放开自我的创造。这种无我之境的创造与伍尔夫所说的明净状态相类似。波伏娃的思想不但对女性作家和创造性劳动有启发，对于了解人类的存在状况和不同社会阶段人的发展亦有启发。

只有当每个人都能将荣誉置于两性差别之外，置于自己自由的生存难以达到的荣耀中的时候，女人才能将自身的历史、自身的问题、自身的怀疑、自身的希望与人类的历史、问题、怀疑和希望等同；只有这时她才能寻求在自身的生活和作品中揭示出全部现实，而不仅仅是她个人。只要她仍然需要为成为人而斗争，她就不会成为一个创造者。（波伏娃，《第二性II》：578）

波伏娃论女性之所以难以成为一流的作家，既有社会的原因，也有自身的原因。而这自身的原因，究其根源，来自于人类文明中占统治地位的男性长期以来对女性的定位和女性对这种定位的接受。"女人不是天生的，而是后天形成的"（9），既是指自身的发育生长，也是指在社会舆论环境的助长和引导下刻意为之的结果。所以，一流作家的诞生是作家个人、社会环境、人类文明进程合力的结果，缺一不可。

波伏娃在《妇女与创造力》中更加具体地阐述了女性与创造力的关系。这是她1966年在日本演讲时的讲稿，与《第二性》相隔近二十年，但基本观点不变。她首先强调女性的创造力受制于物质条件，如伍尔夫所说的一间房子，还有社会条件和周围环境等。其次受制于女性所获职业机会的不均等。此外，传统女性形象也会制约女性的创造力。艺术家的社会形象与传统的女性形象不符，也会给女性造成极大的心理压力和社会舆论压力。而这种艺术家的形象是社会文化的产物，是以男性意识形态为主导而形成的。最后，女性创造力还受到女性经历的局限。作家需要标新立异，自信且有耐心，但女作家缺乏这些，咎不在她，而是其经历所致。

除了剖析女性创造力受制的种种原因，波伏娃还重点论述了女性作家缺乏对世界的抗辩和责任意识不足的问题。创作需要边缘处境与旁观角色，这是女性所符合的。女性作家与社会同步，认同感高。但另一方面这又成为她的局限，使其难以创造出伟大的作品。创作需要旁观和边缘，但更需要深切的责任感，这是一种我是主人、舍我其谁的担当意识。

> 真正伟大的作品是那些和整个世界抗辩的作品。而妇女却是不会
> 这么做的。她们会批评、驳斥某些细节，但要和整个世界抗辩就需要
> 对世界有一种深切的责任感。这是一个男人的世界，在这个程度上来
> 说妇女是不负责任的。她们不必像伟大的艺术家们那样去为这个世界
> 承担责任。（波伏娃，1992：156）

这和她在《第二性》中提到并强调的思想几乎毫无二致。可以说，从
《第二性》的发表到这次演讲，波伏娃并没有改变自己的看法，或者说，
她没有看到女性作家的现状有实质的改观。也可以说，二十年间，世界并
没有发生那么大的变化。

在揭示女性写作的诸多困境的同时，女性主义者总会提出自己对理想
文学与理想作家的向往。伍尔夫和波伏娃都探讨了理想的作家和理想的文
学状态。伍尔夫的文学典范是莎士比亚，波伏娃推崇的是托尔斯泰（Leo
Tolstoy）、陀思妥耶夫斯基（Fyodor Mikhailovich Dostoevsky）等。就所
向往的理想文学状态而言，对于伍尔夫，是消解了个体存在激愤和超越了
个人恩怨的明净状态；对于波伏娃，是超越性的自由和身为世界主人去解
释世界、揭露世界、与世界抗辩的责任感。她们对于理想作家和理想文学
的追求与定义，代表了女性作家的向往和对自由写作的渴望，也是女性主
义作者理论的重要特征。

每一代女性主义者都揭示了她们亲近的某一时代、阶层、种族的女性
作家的困境，也都指出了努力和解放的新方向。她们对女性作家困境的
揭示，对于理解作家状况和人类状况很有意义；她们对理想文学的设定和
憧憬，对于理解作家大有启发。理解女作家，也是理解男作家；理解人类
的另一半，理解同样处境的人类，理解人类性别意识形态的运行和作用机
制，也是理解人自身、人的宽容和人的解放，以及人的前途是否可期，人

的拯救是否有望；理解女性的文学理想，也是理解文学的特质，理解文学
与其他学科的区别，理解文学的独特作用和魅力，理解人类智力和情感的
活动领域、边界和意义。

2.4.1.3 "疯女人"与性别之争

桑德拉·吉尔伯特（Sandra M. Gilbert）和苏珊·古芭（Susan Gubar）
合著的《阁楼上的疯女人》对十九世纪重要女作家进行了视角独特的透彻
研究。该著作首先检查了父权文化下作者概念的流变，提出了女性成为作
者意味着什么这一问题，论述了女性的创造力，剖析了男性作家笔下的女
性形象，指出了女性作家笔下女性形象的双面性。她们继而提出女作家的
焦虑不是来自于久远的文学传统和文学前辈的压制，而是来自于女性作者
身份本身。她们又以洞穴之喻为引子，寻找女性作者的完整性。该著作理
论构建与文学批评并进，以人物是作者的复本为核心观点和策略，以揭示
作品背后的女作者为目标，建立了女性主义创作理论。

这部著作对于作者研究至少有三个方面的贡献：一是对作者观念的溯
源大有裨益，其对女性作者身份焦虑的独特论断值得借鉴，有助于加深理
解作者与文学传统的关系和文学创新的内涵。二是书中所分析的女性作家
的多重面具创作策略及其背后隐含的实质，有利于解释女作家的独特性和
其创作心理的复杂性。三是其女性主义诗学策略构建以所谓的男权文化下
的作者为参照，在"作者之死"风行的年代意图发现作品背后的作者，这
是对作者中心论的认同，对作品是作者内心表现这一信念的坚守。

该著作提出人物反映作者的观念，其核心观点是把以疯女人为代表
的人物作为作者的复本，坚持女性作家与其所塑造的特殊女性形象之间
的一致性。

> 女性作家正是通过这个复本的暴力行为，使她自己那种逃离男性
> 住宅和男性文本的疯狂欲念得以实现，而与此同时，也正是通过这

个复本的暴力行为，这位焦虑的作者才能爆发出那种郁积在胸中的不可遏制的怒火，尽管这种爆发有时甚至会为她带来毁灭性的后果。（Gilbert & Gubar：85）

她们试图通过文本中特殊的(发疯的)女性形象，揭示藏匿在这形象背后的女作家的真实面目，以此书写女性写作的传统，描述女性写作的特色。在男性文化氛围中，女作家是性别的囚徒，亦是须跨越这囚笼的战士。

她们在对男权文化主导下的作者权威进行批判的前提下，恰恰是利用了作者权威的界定建立了自己的女性诗学。她们将作品中某些特定的人物形象视为作者的复本，甚至将作者等同于人物，乃至于把作者看作是文本唯一的意义源，这是传统作者中心论的再现。这和她们在著作开始部分宣称作者是男性及上帝是男性的论据是一个循环，以此复兴女性作者和女性文学传统是否可行还值得商榷。这难道说明，女性作家要回归男性传统，皈依男权文化吗？对女性主义批评家而言，这无疑是授人以柄，亦让后结构主义女性主义者难以认同。

后结构主义女性主义者认为，作者概念本身就是男性的或父权的建构——作者权威本身就是父权制的固有方面。像吉尔伯特和古芭这样的批评家面对的危险是，在描写女性作者传统时，她们简单地重复和加强了父权实践，"把文学看作个人经验的简单、直接的表现，这种观念本身就是把作者当作父权思维的一部分"（Kamuf：286）。在《性与文本的政治：女权主义文学理论》中，陶丽·莫依（Toril Moi）指出，把作者当作文本的来源、起源和意义，就是把父权制和作者身份联系在一起。"要解除这一权威的父权实践"，女性主义批评家需要"和罗兰·巴特一起宣告作者之死"（Moi：62-63）。

的确，在作者之死的年代，她们对作者中心论的坚持虽然可贵，但亦饱受质疑。那么，假如换一种思路，或许可以说明：作者是文本的创造者、意义的权威的命题本身就是真理。如果相信后者，则一切矛盾都可化解，并不会引发性别战争。作者可以是男性，也可以是女性，但无论何种性别，他／她一定是作为创造者现身的。

另一方面，诚如她们自己所言，她们研究的是女性主义诗学，更确切地说是女性作家创作理论，如女性作家的作家身份、创作动力、创作资源、创作特点，作家自我与人物形象之间的显性与隐性关系，及作家的人物塑造、情节设置策略等。这一切背后的假定是男权文化中女性作家身份的特殊性、压抑性、边缘化，以及女性作家对此的抗争意图与应对策略。这为作者理论和作家创作研究的理论探索提供了例证。核心启示是：女性作者理论须以作者中心论为基础，创作理论须以作者中心论为依据。舍此，女性作者理论与创作理论何去何从，都会成为疑问。

那么，虽然她们的研究被称之为女性作家创作理论研究，但这种研究对于所有的作家，不论男女，皆有益处。如果不把它局限于理论的建构，就不会引起那么激烈的批评。它研究的是创作理论，对于作者如何选择、利用、构建自己的素材、主题和情节，如何描写自己的核心意象和人物形象，都有启发。

女性作家要像男人一样写作，还是以女人的身份写作，这是一个问题。比如，女性批评家一方面拒斥女性身份或女性作者身份，另一方面却试图以之为特色，以一定模式的写作来表明它。虽然女性主义批评远不止被局限为上述两端，从早期的双性同体诗学（androgynist poetics），到二十世纪六十年代末期的女性美学（female aesthetics），七十年代中期开始的女性批评（gynocritics），及八十年代末期兴起的对性别差异进行比较研究的性别理论（gender theory），作者性别和作者身份始终是这些理论中的一个重要议题。即使埃莱娜·西苏（Hélène Cixous）强调男人和女人都可以进行女性写作，但以性别界定文本特征就是因循了男女有别的思路，更不必说作者性别这一不可更变的事实必然会和作者身份问题密不可分。

女性主义的问题似乎无法避免。首先，女性写作难以摆脱身体的束缚。女性作家是以自己独特的生理经验、身体体验为素材、为骄傲，还是以之为耻，掩饰逃避？这是伍尔夫意识到的问题，她从中看到了自身的或者说她所处时代的局限。这也是以后的女性作家必须要面对的。其次，女性主义写作是为了强调自己的性别，还是为了超越性别？有没有一种可以强调性别又超越性别的方法准则？女性主义的性别之惑像极了民族和世界的关系之争。如果说"越是民族的越是世界的"，那么，能说越是女性的就越是文学所需要的吗？如何成就女性、表达女性，这不仅是女性主义的问题，也是当今世界的问题。

2.4.1.4 女性、身份与作者建构

作者问题是女性文学批评的中心。如果说，新批评以拒斥传记和心理批评为特点，"几乎可以毫不夸张地说，女性主义的斗争基本上就是为作者身份而进行的斗争"（Burke，1995：145）。与作者之死的观点全然不同，女性主义着力发掘女性文学传统，揭示女性作者的身份特征和身份焦虑。她们从整理女性文学传统出发，构建女性作者身份，既有自身的需要，又说明了作者理论的生命力，是对作者之死的有力反击。

女性主义反击的一个重要特点是揭示了作者之死的男性文化背景和历史特征。南希·米勒（Nancy K. Miller）认为，消除作者可以看作是对女性主义话语基础和身份政治的攻击。作者之死理论远不仅是关于作者的新思考，而是对任何作者身份的压抑和禁止，因此也是对女性作者身份的压抑和禁止。但是，又因为女性作者从来没能拥有男性作家所声称的那种作者地位，因而，作者之死并不适用于她们。"作者的移除并没有为修正作者观念腾出多大空间"（Miller：104）。

在女性主义者看来，作者之死是传统的男性作者权威之死，对作者的解构可以看作是对男性作者的解构，对一定男性思维的解构和对父权本身的解构。如果作者之死中的作者是男性，那么，作者之死与女性无关，女性作者需要的不是死亡，而是发现和重生。

　　事实上，我们需要的不是一个作者之死的理论，而是一个新的作者观念，这种新的作者观念不是天真地强调作家是原创性的天才，创造了历史之外的美学作品，而是在谈到女作家对历史构成的反应时不会抹杀其不同和重要性。（Walker: 148）

　　因此，女性主义之作者重建不是在需要解构时建构一个压抑性的权威，而是要发现、肯定女性作者，给予女性作者身份认同。可以说，在一个特殊的时代，作者之死不但对女性主义、对作者理论不起作用，反而激发其向相反的方向，即作者建构的方向义无反顾地挺进。

　　女性主义对作者之死的反击沿用了传统作家研究的方法，继承并坚守了作者中心论。女性主义作者理论就女性之所以能够成为作家，或者妨碍其不能成为作家的各方面因素进行了探讨。这些方面恰恰都是作家中心论的要素。女性主义以为自己争取权利、表明自己的方式复兴了作者中心论，复兴了作者与作品的密切联系。文本是有性别的，性别属于作者。相对于自古希腊文学以来漫长的西方文学史而言，女性作家的历史的确不长。女性主义批评家重估文学传统、重新定义文学批评，与其说是恢复，不如说是建立自己的传统。因此，女性主义对作者重建具有重要的意义。

　　女性主义是一场绵延不断的运动、行动、实践，也是一种理论、批评视角和思维方法。女性主义的发展先后受到了许多批评理论的影响。女性主义者善于将新的理论运用于理论构建，发展了各种女性主义分支，论及亦惠及各类女性阶层。通过多方面思考女性问题，其讨论视角不断拓展，从一种女性主义到另一种，从一个阶段的女性主义到另一个阶段，新的概念不断增添。女性主义探讨过的问题有：对生育的态度、家庭和妇女角色、社会主体生产、种族与性别、社会地位与经济地位、法律权利、教育机会、身体构成、心理构成、性别歧视、文化建构、压迫与压抑、帝国主义统治、帝国主义的文化身份、帝国主义的话语场等等。女性主义始于男女地位的不平等，扩展至对其原因的探讨和背景的揭示。女性主义不断调整批评的矛头，扩大批评的范围，使得一切造成种种不平等或不均衡的原因和背景成为批评的对象，直陈人们习以为常的生活的潜流和表象下的真实和本质。女性主义几乎检查了一切批评理论和人类生活的方方面面。几乎所有新的理论都对女性主义有所启发，都能为之所用。女性主义的力量正在于此。

如果我们换一个角度考虑女性主义的性别之争和性别之惑，亦可以对女性主义作如下理解：女性主义是一种思维方式，是一种世界观，也是一种方法论。女性主义批评希望达到的目的不仅仅是性别层面的。正如佳亚特里·斯皮瓦克（Gayatri C. Spivak）所说，"我期望对帝国主义的深刻批判会引起第一世界读者的注意，这至少可以扩大阅读的政治疆界"（斯皮瓦克：621）。同理，女性主义的作者身份建构也不仅仅是对女性作者的思考，而是对文学理论或者是世界的思考。因此，在思想层面上，女性主义给作者身份建构带来的更大启发是：每个作者都是女性。这样说的意思是，每一个作者都会经历和女性作者相似的历程：寻找传统，发现自己，拓展更新，融入并成为传统。也可以说，每个人都可能是女性。意思是，每一个人都可能会经历女性所经历的各种情景和心路历程：被拒斥，被边缘化，抗拒力争，进入主流。这是女性主义作者建构对文学理论的贡献，也是女性主义思维方式对人类的贡献。

2.4.2 现代作者的各种命名

在巴特和福柯之后，很多理论家都竭力从不同方面证实作者之死的必然性与必要性。很多理论家也对作者之死进行了质疑和回击，提出了作者的不同命名和作者建构的不同主张。相关的论文有：彼得·拉马克（Peter Lamarque）的《作者之死：分析报告》（"The Death of the Author: An Analytical Autopsy"），艾丽丝·贾丁（Alice Jardine）的《女性主义的轨迹》（"Feminist Tracks"），米勒的《改变主体：作者身份、写作与读者》（"Changing the Subject: Authorship, Writing, and the Reader"），皮埃尔·马舍雷（Pierre Macherey）的《创造与生产》（"Creation and Production"），莫利·奈斯比特（Molly Nesbit）的《作者是什么》（"What Was an Author?"），唐纳德·皮斯（Donald E. Pease）的《作者》（"Author"），尼古拉·帕帕斯（Nickolas Pappas）的《作者身份与权威》（"Authorship and Authority"），以及罗伯特·斯特克（Robert Stecker）的《表面作者、隐含作者和假设作者》（"Apparent, Implied, and Postulated Authors"）等。其中亚历山大·内哈马斯（Alexander Nehamas）的《作家、文本、作品、作者》（"Writer, Text, Work, Author"）及乔基·格雷西亚（Jorge J. E. Gracia）的《一种作者理论》（"A Theory of the Author"）最具代表性：前者对作者和作家、隐含作者和作者人物进行了对比，后者则对历史作者和假设历史作者进行了更细致的区分。下面以这两者为例，摘其要点分述之。

在《作家、文本、作品、作者》一文中，内哈马斯检查了作者观念，并就作者与作家进行了区分。依他看来，作家是一个历史人物，固定在特定语境中，是一个文本生成的有效原因，但作家（而不是作者）存在于文本之外。正因为此，作家并不处于阐释的权威位置，即使他们的作品在法律上是其财产。而作者是一个虚构人物，它完全内在于文本之中，而不在文本之外。"作者和文本的关系可以称之为'超验的'（transcendental），作者既不像虚构人物一样，只简单的是文本的一部分；作者也不像真实的作家一样，直截了当地存在于文本之外"（Nehamas：100）。

为了理解这种关系，必须区分作者人物（author figure）和韦恩·布斯（Wayne Booth）所说的隐含作者（implied author）。隐含作者是布斯在《小说修辞学》中提出的术语。内哈马斯指出，作者人物和隐含作者的主要不同有三：第一，根据布斯的术语，隐含作者是文本的产物和作家的创造物。至少在这方面，隐含作者与虚构人物非常接近。第二，隐含作者内在于文本中，即使几个文本为同一个作家所创作，它们的隐含作者也有区别。第三，虽然强调隐含作者与实际作者（actual author）的不同，但布斯有时候也说，"这种区分是为了实用"（Booth：100）。比如，在讨论《艾玛》

时，他指出"作者本人——不必定是真正的简·奥斯汀，而是指一个隐含作者，在书中体现为可靠的叙述者"（Booth：256）。这一观点开放了实际作者和隐含作者并存的可能性——叙述者表达的观点和简·奥斯汀的实际观点一样。如果按照布斯所说，"一部伟大的作品确立它隐含作者的诚实性……他的生命中唯一诚挚的时刻也许在他写作小说时"（75），那么，内哈马斯的结论是，我们没有理由必须要区分实际作者和隐含作者。

与隐含作者相比，作者人物在两个相互联系的方面具备更广的意义。首先，与隐含作者相反，作者人物不仅仅与单个作品发生相互关系，还让我们对某些作品进行分门别类，形成整体合集。第二个主要不同是作者人物不仅与特殊文本的整体观点有关，而且与阐释的每一个问题相关。"隐含作者和作者人物都是阐释性的建构，但后者在阐释中起着更广、更直接、更规范的作用"（Nehamas：101）。

作品和作者都是建构的概念。只有其文本被阐释过的作家才能成为作者，作者因此是阐释的产物，而不是独立存在于世界上。每一个阐释都会生成它各自的作者，每一个文本都能够产生许多不同的甚至不连贯统一的作者。作者是不断生成的角色。"作者是作家和文本、批评家、阐释联合创造的产物，它不是一个人，而是一个角色，是作品呈现出来的一切，反过来也决定文本呈现的一切。作者没有深度"（110）。因而，作者是一个人言人殊的角色，一个作品有多少阐释方法、角度，就有多少作者。

依照内哈马斯对作者和作品的阐释，我们可以看出，作者和阐释都是处于不断形成的过程中，而作品是固定的物化形式。作者是作家历史存在的一部分。一个人可以是作家，只要他/她写作，但不一定能成为作者。作者必须要有作品发表，而能够被阐释的文本才能称为作品。所以，发表了文字并得到认可的作家才是作者。作者实际上指作家可能有的意思，虽然他/她不一定有此意，或者从来没有此意。

通过对作者与作家、文本和作品的区分，内哈马斯的观点是：理解文本就是理解作家。作家拥有他/她的文本就像一个人拥有他/她的财产；作者拥有他/她的作品就像一个人拥有他/她的行动。作者不能与作品分离，他/她不是独立的存在，与文本的产生无关。所以，作者不具有权威性。"作者角色与作家角色相反，作者不是人，不具备可能预先决定文本意思的心理状态"（Nehamas：110）。作为一种建构，作者不是一个历史人物，作者角色因而也就不具备压抑文本的能力。具有权威性的是作家，作家能够创作文本，预先决定文本的意思。

内哈马斯还指出了福柯作者论的失误："福柯落入了将作者的非法身份混同于他所警告要避开的作家的陷阱。我们已经看到，福柯相信，作者只是在启蒙运动期间出现，我们有理由质疑这一点。我认为作者的历史比福柯所相信的历史更长，也更为复杂"（112）。也就是说，福柯的错误有二：一是作者与作家的混淆。作者是作家和文本、批评、阐释联合制造的产物，是文学批评的术语，具有依附性，依赖于文本与阐释。福柯把作者说成了作家，把作家说成了作者。二是作者出现的时间不是启蒙运动时期，而是更早。作者和作品一起出现，因为作者是阐释性的功能存在，与作品相连，与阐释共生。

内哈马斯对作者和作家的区分可以启发我们的是：作家是历史与现实的人物，有独特的心理、意图，是特定历史条件的产物。作家可以独立存在，依赖于作品，又独立于作品。作者不是历史与现实的存在，因而没有意图。如果说存在作者意图，这个意图也是阐释性的。作者和作品须臾不可分离，没有作品，就没有作者。作家可以没有作品，但作品必定有它的作者。作家与作品是创造与被创造的关系，而作者与作品是依附关系。所以，作者意图是个伪命题，应该称为作家意图，而作家意图研究是可行的、有道理的，属于作家研究的范畴。作者与作家的区别犹如角色和演员。演员是人，有隐私，有片酬，正如作家有个人生活，有版权。相反，作者没有隐私，没有版权，需要在阐释中不断敞开自己；角色也没有隐私，没有酬劳，是被欣赏、被观看、被阐释的对象，如同作者。当下的文学研究很多时候恰恰忽视了演员与角色、作家与作者之间的区别。因此，重建作者的基本概念，不仅是作者理论的问题，也是文学研究的问题。

在《一种作者理论》中，格雷西亚进一步明确区分了创作文本的、真实的历史作者（historical author）和我们在阐释文本时创造出来的作为历史中介人的假设历史作者（pseudo-historical author）。"历史作者是生产了历史文本的主体，是一个现实的创作文本的人"（Gracia：161）。一方面，假设历史作者只是我们知道或我们认为自己知道的一位历史作者，独立于历史作者希望别人认为的关于文本作者的一切，是读者构想的产物；另一方面，假设历史作者是历史作者希望别人认为的创作文本的人物角色。"无论哪种情况，假设历史作者都不像历史作者那样，从来没有作为真实的人而存在"（170）。也就是说，历史作者是真实的作家，而假设历史作者是一种建构。

2.4.3　小结

通过对现代作者理论种种概念的综述，可以发现，作者定义多种多样，作者理论内容丰富。作者是语言书写的工具，如结构主义所论；作者是一种界定文本的功能，如解构主义之谓；作者即权威等级压制，如女性主义所言。每一种作者观都可以生发出一套文学理论，生成一个思想体系。作者观念的变迁就是作者理论的历史。因而，作者理论有特定的内容范畴和历史变迁。作者理论可以是一种独立的存在，是文学理论的组成部分——它和读者理论、文本理论一样，构成最基本的文学理论；也可以是具体文学理论的一部分，比如形式主义作者理论、女性主义作者理论等（刁克利，2015：94）。

作者的简单与复杂也是文学的简单与复杂。在现代作者理论对作者的种种不同命名和阐释的背后，是对作者与人的主体性的争夺，是作者主体性和批评主导论的角力和对垒。如果我们对《作者之死》和《作者是什么？》进行深入分析，就能够更加深入理解这一观点。

第三章 经典案例分析

　　巴特的《作者之死》和福柯的《作者是什么?》无疑是作者理论中最具影响力的两篇文献。本章以这两篇文献作为经典案例分析的对象,从作者理论的角度分别述之论之。概言之,本章是对《作者之死》与《作者是什么?》的回顾和评析。

3.1 《作者之死》回顾

　　巴特以"作者之死"这一骇世惊俗的论点断绝了作者与文本的联系,引发了二十世纪中叶以来的文学理论转向,对当代文学理论产生了巨大影响。众多当代文论家都从不同角度对作者之死进行过阐释、反思、质疑和重建。巴特的论文之所以引起这么巨大的反应,一方面是由于其论文的缺陷,"巴特论文的弱点在于其无根据的归纳概括,对学术准确性的忽视,及其对文学史的任意解释,这些弱点也正是后结构主义理论本身的弱点"(Bennett:10)。另一方面则是作者问题本身的复杂性和重要性所致。

　　《作者之死》虽然断言了作者的死亡,但同时也提出了许多关于作者的问题。巴特先后论及的作者问题有:作者的形态、现代作者的产生和作者的移除。在批判作者权威的基础上,他重新定义了写作、文本和读者。由于他意欲用文本理论和读者中心代替作者理论，他对这些问题的阐发有许多偏颇和不严谨处，对作者、文本、读者的关系论述也显得激进而武断。

由于他论及这些问题是为了引出作者死亡的结论，这些问题只是他生发作者之死的起点。但如果换一种思路，从作者之死的相反方向，即从作者建构和作者再生的角度审视这一现象，那么，巴特所论种种作者问题，恰恰包含了丰富的作者理论，为重建作者提供了可资借鉴的资源。

在《作者之死》发表半个世纪之后的今天，我们有必要回顾来路，厘清其中的作者问题。这种回顾不仅有助于解开作者之死的梦魇，找出超越巴特作者思想的方向与路径，更有助于找出当代文学理论转变的根由，积聚重建作者理论的资源，带动文学理论和文学观念的更新。

3.1.1　作者的五种形态

巴特的《作者之死》在1967年首次以英语发表于美国先锋派杂志《阿斯彭》（Aspen），次年以法语发表，后被收录于其英语著作《意象、音乐、文本》（Image/Music/Text）。《阿斯彭》的那期杂志旨在打破常规，进行各种文体试验，共刊登了各类文本28篇，包括电影、录音、图标、卡纸板以及传统文本。杂志主题是"颠覆传统的理论方法，尤其是俗雅文学之别"（Burke，1998：211）。巴特的论文适得其所。此外，二十世纪六十年代，哲学、语言学、人类学和西方马克思主义、精神分析、结构主义、解构主义等在法国盛行，1968年的五月革命又即在眼前。在这样的语境里，巴特富有颠覆性的观点适逢其时。

在《作者之死》这篇文章一开始，巴特借用了巴尔扎克小说《萨拉辛》中的一个句子："忽然的恐惧，怪诞的想法，爱焦急的本能，性急莽撞，唠唠叨叨，多愁善感，这活脱脱是个女人"（转引自巴特：506）。借用这句话，巴特提出"谁在说话？"的问题。他给出了五个选择：小说主人公、巴尔扎克其人、巴尔扎克这个作者、普遍的智慧、浪漫的心理表达。不过，巴特在文中只是点到为止，并没有进行阐发。他提出的"谁在说话"的疑问实质上是"谁是作者"的问题。如果对这五种声音细加分析，则会发现，这五种声音其实即五种作者形态，其来源和特征各不相同。

其中的"小说主人公"作为一种声音，即作品中的人物（在这个例子里是主人公，在其他情况下也可以是别的人物）作为叙述视角，通常可以分三种情况：一是他/她作为有限视角，表达作品中一个人物对另一个人物的观察。二是他/她采取全知全能的叙述视角，洞察一切，叙述一切。三是他/她作为作者的代言人，表达作者对这个人物的看法，即文本中的作者形象或作者视点。小说人物作为一种作者形态，和叙事学、修辞学及作者创作论有关。

"巴尔扎克其人"即作者作为一个社会中的个体存在，具有自己的生活方式和存在状态。具体说来，就是那个生于1799年卒于1850年名叫巴尔扎克的人，他写小说，也闹恋爱，还有过失败的经商和投资经历，也曾陷入巨额债务中苦苦挣扎，又奋力前行。他的一生和大多数人一样，受社会、历史、经济、政治等多种因素及个人财务和健康状况制约，这都一同构成了这个人的形象。巴尔扎克其人即作者作为个人，和人的社会属性和个体命运有关。这是作家传记或传记批评的主要内容。

"巴尔扎克这个作者"可以理解为文学史中的作者，即写出了《人间喜剧》的那个作者巴尔扎克。文学史中的作者描述首先是作者的成长，即作者成长的外部社会、历史、文化环境，以及作者与写作相关的早期兴趣、教育背景、知识结构和写作能力的养成等。其次是作者的创作，包括作者创作心理的形成与表现、作品素材的来源与处理、创作技艺的磨砺、现实主义手法的运用、社会揭示和批判主题的表达等。再者，他的作品的传播、阐释、接受和影响，也构成了巴尔扎克这个作者形态的一部分。巴尔扎克这个作者是文学史和文学批评的主要内容。

"普遍的智慧"即由人类的共同经验产生的普遍理解力和人性共同点，这也是文学之所以产生和流传，并被不同民族、地域文化的人所理解的原因。简单地说，就是一般人对人的理解。普遍的智慧作为作者形态，关乎我们对人性的理解与信心。文学对普遍的智慧有独特的发现和表达，这种发现和表达与哲学和宗教等对普遍智慧的发现和表达不同，由此可以引申出文学的特性，及其与哲学、宗教、历史、科学等的区别。所以，普遍的智慧作为作者形态，可以界定文学的特征、本质，及其与其他学科领域的不同。

"浪漫的心理学"指从心理层面进行的探索、描绘与揭示，可以分为作者创作和人物心理展示两个方面：从作者角度，指作者的创作心理和创作能力；从人物角度，指人物心理活动的展示与描绘。作者如何探索、描写和揭示人物心理？文学作品如何展示人物心理？文学在揭示人类心理方面都有何贡献和特点？浪漫的心理学作为作者形态，拨动的是人类敏感而丰富的心理知觉和感应，涉及作者创作心理和心理分析批评模式的作用及作用方式。由此可以生发出浪漫心理学作者论，也可以扩展为各种文学思潮和文学流派的作者论。

由以上分析可知，如巴特所言，一部作品至少有五种不同的作者声音，即文学的五种作者：主人公、作为个人的作者、作为作家的作者、人类普遍的智慧和浪漫的心理学。这五种声音对构成文学作品的整体而言缺一不可，也是文学研究的主要内容，因为任何一种作者形态都能生发出一系列特定的文学术语和具体的研究内容。事实上，作者的形态不止于此。比如，那个句子还可以通过叙述者和隐含作者之间的关系得到解释，或者可以理解为是巴尔扎克采用了十九世纪现实主义普遍采用的自由间接话语，"通过一种文学腹语术，一个所谓全知全能的叙述者用一个人物的语言或从这个人物的角度表达此意，而使读者难以准确定位叙述者、作者和人物"（Bennett: 13）。单从巴特在开篇提出的问题，就不难看出作者问题的复杂性。

而巴特不但没有对此问题进行深入的阐述和回答，反而予以否定。巴特的结论是，这五种声音都不是初始的声音，都无关紧要。因为不管声音来自于哪里，这五个选择都不可靠，都不能回答"谁在说话"这个问题。原因在于，"写作是一种否定，在这种否定中，从写作的躯体的同一性开始，所有的同一性都丧失殆尽"（巴特：506）。因此可以说：是语言在说话，而不是作者；是写作令所有声音消失，所有作者消亡。

那么，进一步的问题必然是：为什么写作的开始就意味着所有身份的消失？写作如何导致作者之死？作者与写作的关系如何？作者对于作品有何用？如果仅从巴特提及的这五个作者的角度分别论述，问题就足够复杂。所以巴特在下文采用的方法是：避重就轻，把五个作者简化为一个（即把作者简化为书写者），只强调其单一的叙述功能（书写者只与书写这个动作有关）。所以，巴特对文学的五个作者一概加以否定，直奔写作就是毁灭的源头这一结论，这难免显得武断而匆忙。他把作者的五种形态简化为一个（即书写者），而且只强调这一个作者最简化的功能（即叙述功能），而忽略其他作者功能，这便显得偏颇而片面。《作者之死》发表之后，福柯在《作者是什么？》中用了比《作者之死》多出三倍以上的篇幅，面对和试图解决的正是作者功能这一问题。

从作者建构的角度，巴特所提的五种作者形态给我们的启发是：写作包含了多种声音，文学就是各种声音的叙说，每一种声音都值得被认真对待，这样文学才会精彩纷呈。也就是说，作者可以有不同的形态，我们有必要从多方面考察文学的来源。从作者生成的角度考虑，一个文学作者至少要具备这五个方面，即五种才能或五种形象：了解主人公，熟悉自己笔下的人物；对人物性格和思想活动有深刻认识；具有文学史中的作者形象；具有普遍的智慧；具有浪漫的心理学知识。然而，如果我们承认，作者问题的复杂性就是社会与人的复杂性，那么，作者问题还会更加复杂。

3.1.2 对作者中心论的批判

巴特的一个突出论点是对作者中心论的抨击和否定。他要挑战、动摇和颠覆他所谓的处于压迫、控制地位的权威角色——作者。为此，在第二段开头阐述了叙述功能的实施导致叙述者自动消失之后，巴特考察了现代作者产生的历史，说明作者不过是一定历史时期的产物，作者的特权是人为赋予的，并以此证明作者的不合理性。

巴特对作者历史的回顾有多个方面的启发。首先，无论后来的作者理论引向了何处，原始社会、上古时代的作者概念都有重要的参考价值。巴特提出，在部落社会里，叙述的承担者是"中间人（mediator）、萨满教巫师或叙事者。人们可能欣赏他的'表演'（performance）——掌握叙述信码的能力——但从不欣赏他们个人的'天才'"（巴特：507）。这种引证是为了服务于他之作者功能在于实施叙述的观点。然而，此点需细加考究。

古代南美洲的萨满巫师作为中间人，实为神与人之间的传话人，或曰神的代言人。他之表演，实则有神启的意思。这是自古代以来作者的两大身份特征之一：一为神启者，一为模仿者。所谓神启者，即诗人是神的代言人，靠灵感传达缪斯的声音，缪斯是真正的作者。"神对于诗人们像对于占卜家和预言家一样，夺去他们的平常理智，用他们做代言人……"（柏拉图：9），如《伊安篇》中的诵诗人伊安。古代的诗人多在诗篇开始吁请缪斯赐予灵感，诗人受到神灵的启示而向众人表达。

在古代，神启者的身份会带来两个后果：一是提升诗人的地位，使其超凡入圣，成为最接近神灵的人；另一个则是剥离诗人初创者的角色，而把诗歌真正的创造性源泉归于诗神缪斯。在十九世纪和二十世纪，诗人或以他者身份继续存在，但却已被从神性的或理想化的源泉中剥离。"浪漫主义和象征主义诗论试图保留诗人在源泉中的神圣地位，而现代文论则用语言本身或无意识代替了诗人的这种神性"（Burke, 1995：5）。

在口头文学的传统中，歌者既是诗的创作者，又是朗诵者。即使对于灵感神授的诗人，在诗的创作过程或朗诵过程中，"每个最初的朗诵者既创造又重复，既是个体，又是传统的一部分"（Bennett：33）。个人有创作和即兴发挥的可能性和余地，这甚至是得到鼓励的。以《荷马史诗》为例，在有书写版本之前，它从来没有固定的文本。特洛伊战争的故事和奥德赛的故事到处流传，每个诗人、歌者都有各自独特的表演形式和状态。"荷马是其中最优秀的代表，被追溯为那两部英雄史诗的天才的原创者。归于他名下的诗作被后来的表演者连续不断地重复上演"（Nagy: 92）。所以，直到正式的书面文本出现之前，这些诗人并不只是单纯转述，而是且歌且述，且诵且作。这其中就孕育和展示了诗人的创造力。

诗人的另一种最初形态是模仿者。而柏拉图出于对神启者的厚爱和对模仿者的鄙视，要逐诗人出理想国。因此，诗人无论是模仿者，还是神启者，都与普通人分离，被排挤到芸芸众生之外。诗人是孤独的天才，零落的放逐者。"欧里庇德斯和荷马就是被放逐的原型诗人的代表。这种现象的背后深藏的是将预言家或天才边缘化的根深蒂固的愿望"（Taplin: xvii–xviii）。

作者诞生的初期就孕育着后来的各种演变：神启者、代言人、模仿者、孤独的天才、放逐者、他者等等形态各异的作者角色。由此可见，作者中心论有着悠久的历史。"最早的文学批评史事实上可以说是围绕着作者观念建构的"（Bennett: 4）。《作者理论读本：从柏拉图到后现代》的编者伯克在"前言"中也说，"没有一种文学理论和文本理论不给作者留有一席之地"（Burke, 1995: ix）。因而，对古代作者资源要引证全面、考据完整，方能得出较为公允的结论。巴特只取叙述者为"中间人"之意，是为了自己立论的方便。这种做法过于化繁就简，结论难免偏颇。

其次，中世纪对于现代作者的形成具有重要意义。巴特认为，"作者是现代人物，我们社会中的产物，它的出现有一个历史过程：它带着英国的经验主义、法国的理性主义，与基督教改革运动的个人信仰，从中世纪社会产生出来"（巴特: 507）。但巴特对此并未展开论述，这里显然有很多空白和疏漏。对于巴特所说的现代作者与英国经验主义、法国理性主义，及基督教改革运动的个人信仰之间的密切联系，还需要进一步的探究。中世纪社会对于作者产生的重要性也有待深入研究。

再者，要厘清作者中心论的产生和发展历程，重新审视其批评观及批评实践。真正的作者中心论始于浪漫主义时期，盛于实证主义批评阶段。因而，对于浪漫主义作者理论与实证主义作者理论应该予以特殊关照。

最后，要从更广阔更宏大的背景下关注作者现象，关注人类文明进程中个人尊严的发现，以及人作为万物之灵长地位的确立与现代作者理论演变的关系。在人类文明进程中，在中世纪之后，人的主体地位的确立和作者中心论密切相关；现代社会以来，人的主体性的丧失和作者之死亦密切相连。所以，透过作者理论研究，可以管窥人的主体性的变迁，可以折射人的命运。作者研究是对人的研究，作者理论是关于人的理论，这应该是作者理论研究的应有之义，也是可以脱离乃至超越巴特作者理论之局限性的突破口。

从巴特对作者中心论的回顾可以看出：现代作者理论与传统作者理论有很大不同，在这种不同的形成过程中，浪漫主义、实证主义起到了标志性的作用。巴特的现代作者是文化建构的产物，现代作者的形成和确立与文化、法律、政治、经济、商业，乃至印刷技术的革新都有关系。

这一认识启发我们把作者看作动态更新的产物，而非固定不变的形象，他/她的形象在传播和阐释中不断形成，不断变化。作者形象的建构是一个系统。作者处于不断建构的过程中，因而就不存在死亡。除非促成作者产生的相关因素全部死亡，即文化、法律、政治、经济、商业以及印刷业等领域全部死亡，对作者产生不再起任何作用。这实际上并不可能发生。后来的文本政治、女性主义和后殖民话语正是从这里开始理论思考，即文本是一种政治表述，是权威意识形态的话语表述。文本从来都不孤立，作者从来都不独行。只要上述因素还在起作用，还在不断变化，就会影响现代作者的构成。现代作者处于不断的形成中，这样一种动态描述，应该更加符合现代作者的实际境况。

现代作者形象既不是已经死亡，也不是濒于死亡，相反，它处于不断的变化中。解构与建构是一种常态，所以现代作者形象处于不断调整与变化中应该是一种基本认识。现代作者理论研究的要点是描述、追踪、判断、研究这种变化和趋势，以富有见识的理论构建积极地影响这种变化，而不是得出一种静止的、否定的结论，以文本中心论或读者中心论取代作者中心论。用文本中心论取而代之，是后结构主义的意图；以读者中心论取而代之，是接受美学的目的。实践证明，它们都只能以不同的方式丰富并发展作者理论。

是作者在书写文学、推动文学，成为文学绵延不绝的根本。所以，文学理论的核心还是作者理论，关于作者的理论应该是文学理论创新的基本动力。这一认识包含着作者与文学作品的根本问题，即如何使作者回归创作最初的、根本的动机，如何回归文学最初的、独特的魅力，如何定义文学作品所承载的意义。

3.1.3 作者的消解

巴特在回顾了作者中心论的发展并给予评价后，于第三段论述了作者的消解。他主要从两个方面展开：文学实践的例证和来自语言学的影响。在文学实践方面，巴特引用了两类例子：一是来自个体作家的文学实践，如斯特芳·马拉美（Stéphane Mallarmé）、保尔·瓦莱里（Paul Valéry）、马塞尔·普鲁斯特（Marcel Proust）等人的作品，都在进行着贬抑作者、抬高写作、抬高语言的努力。二是超现实主义文学思潮的写作也助推了作者形象的非神圣化。而最后给作者以致命一击的是语言学的分析手段。"语言学就这样提供了有价值的分析手段，使作者归于毁灭。从语言学上说，作者只是写作这行为"（巴特：509）。巴特用言语活动本身取代了当时一直被认为是言语活动主人的人。书写的语言(学)本质颠覆了作者的神圣性。

第三段引出了两个问题。第一，巴特所引证的例子的可靠性需要推敲，但从中可以得到的启发是：从文学史和文学潮流中寻找作者被削弱的线索和证据即发现和探究文学创作中的另一类作者之死。这和作者的文学观念与创作技艺相连，也和一定时期文学潮流的变革有关，比如乔伊斯将作家形容为漠然的上帝的写作观念，以及艾略特的非个人化的诗论主张等。这一类作者之死和巴特所言旨趣不同，方法、途径亦不同。这是一种作家主动求变的写作策略，并不是为了否定自己的死亡，而是强调对作品意义的关注和作者对读者参与作品意义建构的期许。这样的作品是聪明的、智慧的作者有意设置的迷宫，具有呼唤读者参与的敞开结构。作者设置这样的召唤结构，等待读者探索其中，这是文学潮流的变革和作者创作手法的改进。

第二，语言学的发生发展及其对文学批评的介入和影响值得深入探讨，其写作观的独特性值得特别重视。语言学对文学发生影响始于形式主义文论对文本形式的重视和文学研究科学化的观念。文学的语言分析伏线千里，若隐若现，古已有之。现代社会发展进程中对语言分析的工具化、功能化及可操作性的依赖不过是推波助澜。

3.1.4　文本中心论

第四段阐述了巴特的现代文本观：作者的"移除"（removal）、"消失"（diminishing）或"疏离"（distancing）改变了现代文本的构成和阅读过程（巴特：509-510）。巴特从时间性上将传统的作者（author）与现代撰稿人（modern scriptor）进行了对比。传统的作者观认为，作者先于作品，其关系犹如父子。作者在书产生之前是创造者，之后是意义和声音的来源。从时间上而言，作者存在于作品之前及之后。"现在的撰稿人跟文本同时诞生，……现代撰稿人……埋葬了作者。……语言不停地使一切起源受到怀疑"（509-510），文本成为无源之地。

为了替代传统作者理论中的概念，巴特在这一段提出了几个新概念："作品"（book，work）成为"文本"（text），"写作"（writing）成为"书写"（inscription），"作者"（author）成为"撰稿人"（scriptor）（509-510）。文本、书写、现代撰稿人成为巴特文本理论的标识性术语。作者成为撰稿人，抹去了人的成分，而成为一种工具、一种功能；写作变为书写，减去了与人的联系，而成为一种动作；作品改为文本，消去了其文学的特性，成为一种客观中性的指称。这几个概念一起消去了文学的本质、意义和源头，消去了文学与人的关联、魅力和特性，呈现出文学的平面化，显示了文学理论方向性的改变。巴特建立了自己的批评观念，提供了新的文学批评工具和阐释理论，以文本理论取代了作者理论，以语言分析消解了文学的特性。

在第五段，巴特从对文本的定义出发，把作者定义为书写者，消解了写作的意义和文学一切精神层面的特质。第六段从文本批评的角度论写作。这种写作拒斥意义和阐释，只能"被解开"（disentangled），"被跟踪"（followed），"被抽出"（run），"被扫描"（ranged over），而不可以"被解释"（deciphered），"被撕碎"（pierced）（巴特：511）。结构之下没有任何东西，因此，文学拒斥终极意义，文本拒斥作者，或者说根本不需要作者。相反，"给文本一个作者，是对文本横加限制，是给文本以最后的所指，是封闭了写作"（511）。作者和文本必须彻底断裂，才能保证文本的敞开，才能解放文本。

巴特以写作代替文学，以撰稿人（书写者）代替作者，是以动作取代人。人是动作的主体，那么，是动作反映了人的主体性，还是人成为动作的被动执行者，成为动作意志的工具？这既是文学问题，也是人与物的关系问题。作者被剥离了人的因素而成为工具，反映了人的单一性、平面性，以此描述人在现代世界的属性，是人的可悲和现代社会的可悲。世界因人而存在、而美丽，抑或人只是这个世界的工具和劳役？人以文传，还是文以人为役？人以物役，还是物以人役，甚或是人役物而物己？这不仅是文学的问题，也实实在在是人的问题。解答这些问题，需要研究语言表达与人类文明的关系，文学写作与人的关系。如此，则可以发现巴特作者之死的指向和他通过作者之死意欲实现的企图。

3.1.5　读者的敞开与虚妄

第七段总结了写作观、文本观、读者观，得出的结论是这种写作观、文本观和读者观促成了作者的死亡。他把读者说成是"构成写作的所有引文刻于其上而任何引文都不会失去的空间"（巴特：512）。这样的读者代表了文本的全方位开放。

其读者观的启发性在于：文本自有其脱离于作者的生命力，文本就是一个召唤结构。这一观点在具有启发性的同时又有致命的局限。巴特把作者看作暴君，认为是作者决定了文本的最终意义，这过于绝对；而把读者看作拯救文本的对象，又是一种虚妄。因为这个抽象的读者除了证明文本的无限会话、模仿和争执的可能以外，并不能"把在一个单一领域中书面的文本赖以构成的所有痕迹执在一起"（512）。就像作者不能掌控作品的（最终）阐释一样，读者也不能。作者暴君似的掌控和读者聚合一切的能量都是一种臆想。读者与作者之间你死我活的关系，即读者诞生与作者之死之间的必要联系太过牵强和武断。

这种读者观改变的是文学观，即以文本为物品象征的文学可以被围观、被进入、被消费，这改变了传统的文学接受管道式的一方输出一方接受的模式。线性的一个接一个单极相连的文学作用模式变成了无中心、无限敞开的多元和无极模式。一个实在的作者变成了无数个假想的读者，作为意义起点的作者变成了幽灵一般随时出没、不见首尾的读者。巴特的读者是一种解构的存在。

在《作者之死》中，巴特先后论及的作者问题有：作者的不同形态，现代作者的产生，作者中心论的弊端，作者在文学创作实践中的退隐，语言学对作者的终结，现代撰稿人与传统作者的区别，作者、生活与写作的关系，以作者之死为代价促成读者的诞生等等。这些问题都是基于作者与文本阐释的关系。对于物质的文本，作者是创造者、所有者，这毋庸置疑。对于文本的阐释和意义的延伸，理解作者肯定有益于理解文本，但这种理解不必也不会受制于作者。

文学作品具有特殊性：一方面，文学作品的物质体现形式是书籍；另一方面，文学作品的物质载体要经过阅读和阐释才能生发更大的意义。经过作者之外的人的阅读，意义便生发了。就像作品的创作最初对于作者是有意义的一样，作品对于每一个阅读者也有不同的意义。这种意义很难确保和作者一样，不过保持和作者一样的意义既无必要也不可能，因为每个读者、每种读法都不同，没有办法保证读者的阐释和作者意图一致，且作者意图也不会固定得无从阐释生发。这就带来了文学作品的另一种存在：意义的存在。这也带来了另一种关系：作者意图与文本意义的生发关系。

从历史演变的角度考察作为文本纸质版所有者的作者，可以是一个法律问题，也可以是一个文化史问题。作为文本意义最初提供者的作者，其意图如何体现在作品中，这是作者创作论的问题。对作者意图的理解和阐释，又是叙事学作者研究和文化旅行中的作者问题。以上种种作者，都值得思考与研究。基于作者理论的深厚背景、悠久历史与丰富内涵，我们对作者之死应该慎思、谨言、缓行。

3.1.6　文学与人的危机

不管以何种方式，只要文学存在，作品有人阅读，作者就没有危机。文学地位和被需要方式及程度的改变，是人类对文化接受内容的选择，是人类心理情感结构的改变，不是作者的危机。只要有作品，作者就不会消失，消失的是人们对文学的需求。文学阅读的改变反映的是人类情感结构和心灵需求的改变。人类总希望有人代言和发声，除了作者，谁能代言？或者说，代言人不就是作者吗？人类如果不再需要文学，或者文学在人类生活中变得不再必要，这是文学的危机，是人的危机，而不是作者的危机。因此，作者之死不是作者的危机，而是人的主体性危机。

作者从来不死，无论他/她在不在文本中，无论文本阐释是否需要他/她。他/她创造了文本，便守在文本的源头。作者如上帝般存在，却不要求上帝的权威，这是作者和上帝的区别。这样的作者是更符合东方意味的存在。作者自在自生，对于他/她创造的作品不发褒贬，不予奖惩，甚至不论是非。作者走入人群，如芸芸众生，其个体存在并不超绝如神明，他/她也有着一般人所有的困惑烦恼和世俗羁绊，甚至更甚。他/她之所以能够替人类代言，是因为他/她出自人类，生活在人群中，众生万般苦痛喜乐他/她皆备，且他/她的体会体察更敏锐，更能传情表意，揭示生活万象。作者个人生活之庸常如常人的个体生命之存在，因了文学的特殊表达方式和自己的精神敏感度与文字能力，所以能够推己知人，传达个体生命存在的普遍意义。又因为文学艺术的特殊性，他/她并不能表明所传达意义的唯一性，亦不能控制所写下文本意思的固定性。更因为人的多面性和人性的多变，他/她更加不能也根本无法控制文本阐释的多样性。要之，作者的创造性应该从文本生成的意义上予以充分的无可争议的肯定。因为文学观念的不同，文本的阐释自然多样，但是，无视作者的文本阐释毫无疑问会失却文本自身的神秘性和(大)部分魅力，虽然这种文本阐释也完全可以进行。

作者之死代表了众多文学观念中的一种，一种将作者限定在文学阐释范围以内的有限的文学视角和偏狭的文学观念。它充满挑衅意味，富有煽动性，但作用范围有限。其带出的诸种问题，应一一清算。作者、读者、创作、阐释等等，是不同范畴的问题，却被混为一谈。其理论起点之作者代表意义的固定性和权威性，根本就不存在。没有人认为意义是固定不变的，没有人认为创造者能够把握其创造物的命运，即使是上帝也不能。这是上帝死了之后的必然结论。巴特不过是在作者问题上找到了文学中上帝的对应物(作者)，并把它表达了出来。假如上帝是人类的作者，上帝在人类中的接受和诠释如同作者在读者和批评家中的接受和诠释，无论是被崇拜、被抛弃、被质疑、被询问，都是接受过程中的不同表现。

如果把文学分为不同的构成要素和作用方式，则有世界、作者、作品、读者、批评等等诸要素共同作用。世界提供文学最初的素材和最终的目的地，作者创作作品，作品得以传播和流通，读者选择阅读，批评家进行解读和阐释，才能构成完整的文学系统。

读者的自愿选择指根据自己的人生经验和体会进行阅读，各取所需来理解文学，或为了丰富自己的人生体验，或为了寻找生活的坐标和参照，这种阅读毫无疑问能够与作者产生共鸣。批评家的有意阐释是指在一定文学理论的指导下对文学作品进行特定视角下的审视，或根据自己的文学观念进行的解读。这种阐释是为了证明自己的文学观念。

现在的文学理论依然停留在巴特沉重的背影里，依然匍匐在作者之死的幽灵下。巴特很清楚这个幽灵带来的后果，"因为拒绝把意义固定化，最终是拒绝上帝及其本质——理性、科学、法律"（巴特: 511）。显而易见，巴特并不只是把作者视为作者，他有哲学的企图。所以，从作者与文本关系上回答解决不了根本问题。对于作者的危机，我们尚能作出辩解。对于拒绝上帝、拒绝理性、拒绝科学与法律的企图和策略，我们又该如何应对？

3.2 《作者是什么？》评析

《作者是什么？》是福柯为成为法国哲学学会会员而准备的演讲。当时他已经以《词与物：人文科学考古学》和疯癫研究而著名。演讲一开始，他就说明他所准备的演讲是一个很不成型的东西，是他作品的初始设计和一个庞大研究计划的起点。尽管前有巴特的论文，而他和巴特在很多地方意见相合，但他独特的思维方式在于：他要追溯作者问题的来源，说明其可能引出的歧义和问题。

3.2.1 以巴特为前提的思考

在导论部分，福柯首先指出，他之所以提出"作者是什么"这个问题，是因为"'作者'仍然是个悬而未决的问题"（福柯: 271）。作者问题之所以悬而未决，主要表现在两个方面：一是话语功能，二是作者意图。这两个问题都未得到解决。他后面对作者话语功能的论述显示了其复杂性。至于作者意图，它从来都不明朗。一方面，作者当然有自己的写作意图，但是，由于人类思想的复杂性，也由于文学创作的自身规律，作者的原始意图未必能充分体现在自己的写作中；另一方面，即使作者意图得到了相对充分的贯彻，批评家根据不同的批评方法和目的，也会对作者意图进行不同的解读。所以，虽然和作者一样，一个文本自然对应一个作者意图，但作者意图较之作者问题更为复杂。

他通过分析人们对《词与物：人文科学考古学》之意图的不同理解，指出了作者意图与作者名字之间的关系，强调了作者意图问题的复杂性。福柯所论的作者不仅局限于文学作者，而是普遍意义上的作者。在他看来，相对于观念史、文学体裁史和哲学分科史，作者及其作品的关系稳固而根本。

因为作者问题所涉及的范围过于广泛，福柯在演讲中仅将主题限制在作者与文本之间的独特关系上，只谈作者与文本的关系，包括作者与文本的指向方式、作者的文本属性、作者的指代功能和符号意义。但是，他也提示了对作为个人的作者及其相关问题进行社会历史分析的思路。比如，分析作者如何在一种文化中被个人化，作者在作品真实性和归属问题中处于何种地位，作者的评价体系是什么，以及作者与其作品的根本范畴在何种条件下被程式化等。

接着，福柯引用了塞缪尔·贝克特（Samuel Beckett）的一句话开始正文部分的论述："谁在说话有什么关系，某人说，谁在说话有什么关系"（Beckett：16）。通过这句话，他想表达的是，谁是作者无关紧要，谁承担了"说"的功能比谁是具体的作者更重要。"说"是主体，"说"至关紧要。由此他提出了对当代写作的看法。首先，"我们今天的写作摆脱了'表现'的必然性；它只指自己，然而又不局限于内在性的限制"（福柯：273）。第二个主题因循巴特的思路，探讨"写作与死亡之间的密切关系"（273）。福柯的以上两点认识和巴特的论调可谓一脉相承。所以，福柯是在巴特作者之死的前提下开始了自己对作者问题的思考。他承认作者之死。他进一步的问题是，应该继续探讨"这种消失或作者之死所产生的后果……或者……重要性"（274）。他通过作品和写作观念这两点开始他对作者之死后果的思考，可以总结如下：作者之死的后果和意义是文本的再生，批评的任务由对作者即写作主体的理解转向对文本的理解，即对作品结构、形式和内在关系的理解。在这一点上，福柯和巴特的论述异曲同工。

下面对其文进行逐步剖析所采取的方法是：一方面摘录要点而述之，另一方面则从作者建构的角度出发，引出福柯论点对作者建构的启发。两方面同时进行，总结、评述其可供借鉴的理论资源，为进一步的作者理论建构立论并寻找支点。

《作者是什么？》第一部分中论及的作者问题有以下几点。一是对作者的个人化过程进行社会历史分析。二是说明古典的写作观在于确保故事叙述主角（英雄）和主体（作者）的不朽。比如古希腊叙事诗或史诗的写作旨在确保英雄的不朽，使之生命虽逝，而名声远扬；叙事是对其死亡的补偿。又如阿拉伯故事之《一千零一夜》，其叙事动机在于战胜死亡，驱除死亡。中国文人之所以将著书立说看得很重要，很大程度上就在于著书使人不朽，让人得以超越有限的生命而散播名声、流传思想。此所谓著书立说，藏之名山，传至后世，亦即立言、立功、立人。三是论述写作如何与死亡联系。福柯点出了居斯塔夫·福楼拜（Gustave Flaubert）、普鲁斯特和弗兰兹·卡夫卡（Franz Kafka）三人，他们都是证明写作与死亡密切联系的显见例证。这一条线索和巴特的作者消隐对应重合。文学史中，尤其是现代主义文学以来，作者在写作中消隐自己的个性，让位于人物和情节的发展，这是一种文学创作手法和创作理念。作者之死意即作者在写作中隐退自身的存在，消匿自己的个性，这是创作观念的变化与作者主体意识的演变，宜结合文学潮流的演变进行研究。

与此相对，对作者构建的启发同样有三：其一，关于作者如何个人化的问题。这是对巴特所谓作者是现代社会的文化建构的回应。作者个人化的演变过程必须从作者的产生这个源头开始追溯，察其变，理其由。古代的作者是无名的，有作品没有作者。后来的作品无明确作者，作者身份不明。再后来作者身份逐渐显示出重要性，成为作品的标识。作者的个人化也随着作者地位的凸显而得以强调。到了浪漫主义时代，作者的个人化达到极致。这个过程值得探究。其二，关于古典写作观与作者的不朽。写作与不朽的关系说明，写作确有其独特的魅力，这是一种古老的信仰。对于很多现代作家来说，这种不朽感依然是他们写作的最大动力和梦想。所谓作家的古典情怀就在于此，所谓作家的自负亦在于此，所谓文学的独特吸引力也在于此。其三，关于写作与死亡的关系。福柯的论述同巴特的线索、观点和思维方式相比无甚新奇处。这一方面是作者对艺术表现手法的有意追求，另一方面也是作者主体在世界中的位置的反映，详细情况还需进一步考证。

在第二部分，福柯从时下盛行的"作者已经消失，上帝和人共同死去"的观点出发（福柯：276），强调我们应该关注作者消失之后的虚空，进而引出这种语境下作者名字的功能。对于这一问题，福柯从专有名词理论入手，引出作者的名字异于普通名字之所在。这一部分需要引起注意的关键词有：作者名字，作者功能，话语的存在、传播和运作特征。福柯对作者名字独特性的考察主要有二：一是作者名字对于文本分类的重要性。归类于同一个作者名下的作品是同源及互相解释和证实的关系。这一核心论点会在下文详细论述。二是作者名字标志着某种话语（话语的简单或直接所指即作者名下的作品）的存在、流通和运行模式。关于这一点，也会在后面详细解释。这里提及的作者类型学和话语实践理论的雏形，都会在后面进一步展开论述。

3.2.2　作者功能论 [1]

第三部分从文本有无作者引出论述的重点：含有作者功能的话语的特征。这一部分是《作者是什么?》的核心内容，在这部分福柯具体论述了作者功能论的四个方面。

1　引文把author-function译为"作者—作用"，本书作者倾向于译为"作者—功能"。因此，正文中用"功能"代替"作用"，但在引文中仍用"作用"。

在"'作者'是话语的一种作用"即用作者名字定义作品功能这一核心观念的前提下（福柯：279），福柯将探讨对象限定为那些"有作者的作品或文本"（279），考察了含有作者功能的话语的四种特征。其内容概述如下，对应的还有四点启发。

第一，"它们是占有的客体"（279）。福柯回顾了作者所有权的历史，指出了现代作者作品所有权的确立与版权法的联系。他提出，在十八世纪末、十九世纪初，西方建立了一套严格的所有制和版权规定。版权法于1710年在英国确立，1793年在法国确立，1794年在德国确立，由此确定了作者的作品所有权和作品的个人属性，即文本是作者拥有的对象，是一种特殊的财产。

其对作者理论的启发是：作者作品所有权的确立与版权法的确立两者之间的关系成为了一个重要研究领域。文化史家和版权学家开始加盟作者研究，相继展开版权的法律和制度研究。而版权法的确立时间，成为界定现代作者的标志。

第二，"'作者—作用'在整个话语里不是普遍的或永恒的"（279），它随着时间与文本的不同而异。中世纪诗歌等文学作品普遍匿名出版，而科学文本则要求作者签名作为可靠性的保障。到了十七八世纪，这种情况发生了变化。文学文本开始要求作者署名以作为文学性的保证。这些现象正是作者功能不断变化的例证。

其对作者理论建构的启发如下：其一，无作者时代并不妨碍作品的流传，这便启发我们研究远古时代作品的流传方式，比如《荷马史诗》的流传。其二，作者功能是历史、文化、经济、体制的具体表现。我们可以将十六世纪作为节点，对比之后的作者观与之前的（如中世纪作者观）有何不同并观察其流变；可以研究科学文本作者和文学文本作者在不同时期的不同功能；可以追踪十七世纪之后科学文本与文学文本的作者功能的演变；还可以进一步研究文学作品的匿名现象与署名现象、作者署名与文本价值确定、作者对文学文本的意义界定等。

第三，作者与文本的关系并非自发形成，而是因时间与类别的不同而异。"作者—作用不是通过把话语简单地归于个人而自发地形成。它是一种以构成我们称为作者的理性实体为目的的综合作用的结果"（福柯：281）。他进而论述，哲学家和诗人的构建方式不同，十八世纪小说家和现代小说家的构建方式也不同。不过，作者构建法则中也有一些不变因素，比如文学批评中由文本确定作者的传统方法，这一方法来自于基督教传统。福柯总结了杰罗姆（Jerome）在《德维里图解》（*De Viris Illustribus*）中列出的将几个文本归于一个作者的四种标准：质量水平一致，观念和理论连贯，文体风格统一，以及作者是确定的历史人物（Foucault：16）。

这里涉及一个富有启示性的概念——作者构建。从这个角度理解福柯对作者功能的论述可以得出：如果一个作者的作品质量一致、观念连贯、风格统一，且自身作为历史人物而真实存在，那么他/她必受其所处时代社会现实的影响，也必将这种影响反映在他/她的作品中。这里涵盖两个作者概念：一是与文本风格、质量、观念相联系的作者，即后来发展出的文本中的作者；二是作为现实的历史存在的作者，即真实的个人、现实生活中的作者。二者既有联系，亦有分别，又有很大的现实意义。

第四，需要考虑自我的多重性。名词、时间和空间副词及动词的不同形式对于有无作者的文本含义各异，含有作者的话语具有比较复杂的自我多重性。"根据与实际作者的关系寻求作者，同根据虚构的叙述者寻求作者一样是错误的；'作者—作用'产生于它们的分裂——在两者的分开和隔离中产生……'作者—作用'在这样的话语里如此运作乃是为了使三个自我同时存在"（福柯：284）。

在这里，福柯概括了两种作者的存在：一是实际存在的作者；二是虚构的叙事者。但同时，这两种作者还远远不够，还有第三种作者，即功能作者，它不是一个或一种作者，而是确保作者多重功能的存在。他的核心论点是作者的多重性。所以，除了叙事作者（文本中的作者）和历史作者（现实中的作者）这两个概念之外，功能作者或作者的多重功能也值得探讨。作者的多重性打破了将作者限于某种文学批评视野或方法的局限性。每一种批评方法都有一个作者，每一种批评方法都有一种作者观，这应该成为共识。

3.2.3 话语理论与作者

第四部分扩大了作者的范畴，不仅谈书的作者，还谈到了跨话语的作者。福柯提出一个新的概念：话语实践的拓荒者（initiator of discursive practice），"一个人也可以不只是一种书的作者——例如，一种理论的作者，一种传统或一门学科的作者，其中新的书和作者都可以增生……他们不仅生产自己的作品，而且生产构成其他文本的可能性和规则"（福柯：284-285）。福柯从自己对作者的狭义定义引出跨话语的作者，进而引出于十九世纪出现的一类新作者——话语实践的拓荒者。

在接下来的部分，福柯分析了话语实践的拓荒者与伟大文学家及科学创始人的区别。他在最后一段说，话语实践者的创始与科学的创立这两类话语并不易分辨，我们要从较大的实体———批作品或整个学科出发，考虑可能涉及的其他因素（Foucault: 20）。这是一个重要的起点：由科学和话语实践的例子引出了两种不同的作者功能，指出了文学作者的特殊性。作为一本书的作者已经足够复杂，而作为一门学科的创始人的作者则更为复杂。

在最后一部分即第五部分，福柯指出，对作者功能及其特征的分析是为了奠定话语类型学的基础（20）。接下去他提出重估作者主体的特殊地位以作为上述分析的合法拓展。其启发有三：第一，根据话语类型学可以发展作者类型学。第二，可以对话语进行历史分析，研究其表述价值与形式的转变，及其存在、传播、增值、归属和占用等方式的变化。第三，可以通过"作者—作用"解释话语的表达方式，说明其社会关系属性。

论文最后总结了全文，同时提及了以后可能展开的研究。下面将对最后一段进行逐句分析。

不论话语具有什么地位、形式或价值，也不管我们如何处理它们，话语总会在大量无作者的情况下展开。这里将不再令人厌倦地重复下面的问题："谁是真正的作者？""对他的真实性和创造性我们有证据么？""在他的语言里，他对自己最深刻的自我揭示了什么？"人们会听到新的问题："这种话语存在的方式是什么？""它来自何处；它如何流传；它由谁支配？""由于可能的主体会作出什么安排？""主体这些各不相同的作用谁能完成？"在所有这些问题背后，我们几乎只听到漠不关心的低语："谁在说话又有什么关系？"（福柯：290-291）

福柯把作者等同于"作者—功能"，这是他的作者观。不过，他承认还存在其他探讨的思路及可能性。他想象了一种没有作者的话语文化。这种想象是对话语理论的自我陶醉，正如巴特想象文本敞开，陶醉于自己假想或臆想的读者概念一样。福柯试图用话语理论代替作者理论，正如巴特试图用写作者代替作者。

如果将引文中的"语言""话语"改成"作者"，那么，作者建构的起点恰恰在于这些问题的结束：不是语言借作者功能表达自己，而是作者借语言功能表达自己。福特提出的问题也可以改为：作者有哪些存在模式？他/她来自何处？如何被接受？如何传播？受何影响？作者主体如何表现？其不同作用如何完成？是否需要作者、读者和社会共同作用？在所有这些问题背后，谁在说话关系甚大。

3.2.4　建构的企图与不足

福柯的话语分析并不彻底，其庞大的话语理论并未如他所言、如他所愿般地建立起来。正如结构主义转向了解构主义，福柯的雄心并不坚定，他对作者的否定十分犹豫。他踌躇而迟疑，"漠不关心的低语"正是他的写照：一方面有万丈雄心，一方面又浅尝辄止，开始即放下。巴特也是如此：一方面宣扬作者之死，一方面又竭力用自传和惊人之语证明自己的存在。所以，作者并非不重要，作者自己并不否定自己。离开了作者，话语并不重要。在文学研究向文化研究转型的今天，在网络信息时代的今天，真正重要的是谁在说话。话语的主体向来重要，作者与权威（author and authority）的联系一贯密切，于今尤甚。放弃作者与权威的研究，放弃作者与主体性的研究，而把作者理论研究局限于作者与作者身份/著作权（author/authorship）的联系，是缩小了作者理论研究的范畴。

现代社会的发展在于重视人的主体，族裔文学、后殖民主义、东方主义等都是主体觉醒的表现。不过，如今的语境已不同以往。现代社会是主体与个性二者同时并存的社会：既在法律上强调主体与个性，又在科学主义的影响下抹杀主体，将主体格式化、平面化，使其丧失个性。

福柯在《作者是什么？》中关于作者建构的新意在于：第一，意识到了作者问题的复杂性、模糊性、必要性，提出了多种作者概念，同时缩小了讨论范围，将其限于与文本联系的作者。第二，集中讨论了文本作者的四种功能。以作者的功能论，可以分类研究各种作者功能，但是要从不同的意图、目的和方向出发；以作者的角色论，可以进行历史追溯，研究不同时期的作者角色演变，追查自古有之的文本与作者分离、作者身份不确定甚至无作者的现象。这需要在时间上追溯得更久远，范围上查找得更深广。这既需要借助古典文论资源，也有必要借鉴当下的诸种作者现象。第三，根据话语实践理论，提出了初始性源头型的作者概念，即话语实践的拓荒者，论述了其与传统作者的意义和区别，分述了科学作者、文学作者和原创理论作者的不同。

要之，福柯之可取处一是其思想的起点，道出了作者问题的复杂性；二是其思路的展开，即文章的中间部分，具体论述了作者的功能，分析了不同话语的作者功能。其突出贡献在于对作者即话语实践拓荒者这一观点的独到阐发，道出了作者之生生不息的生命力所在。

《作者是什么？》既是对《作者之死》中提到的作者问题的回应，也是对作者和作者权威赖以形成的历史、社会和体制的探讨。福柯的作者功能说给予了作者理论研究者和作者版权史研究者很大启发，他们以此为出发点，广泛地研究以下领域：印刷技术，版权史，审查制度，性别、伦理、阶级或种族身份的重要性，作者身份与互文性问题，作者的自传和匿名现象等。福柯对作者的研究泛化了作者研究，泛化了理论研究，体现了理论横扫一切的时代特征。

巴特和福柯的作者理论所引发的对文学意义的消解，是继尼采的"上帝死了"之后文学理论界的最大震动，对随后的解构主义和各种后现代理论产生了直接影响。这也是自十九世纪末作者中心论没落以来，文学理论中形式主义泛滥，新批评一统天下，文本中心论肆意横行的必然结果。

以《作者之死》为代表的文本中心论带来了阐释的自由与人的自由，权威的打倒与人的解放，文本的多义性与世界的多义性。但这并不意味着它与作者中心论必须你死我活，相互取代。从作品创作的角度讲，作者中心论是必须的；从作品接受的角度看，文本中心论是适宜的。那么，如果把文学看作一个完整的系统，则二者皆有存在的理由乃至共生共存的必要，且二者能够相得益彰。如此一来，需要改变的是我们的文学观念。

以《作者是什么？》为代表的作者功能论也有难以弥补的不足。且不说福柯所归纳的作者功能论与作者存在的事实不相符，即使将作者作为功能的存在，福柯对作者功能的概括亦难全面，更难说穷尽。其中最大的缺陷在于：他按照作者与文本的关系，将作者功能分为分类、确定、流通、定义等，唯独不提创造功能，憾莫大矣。其论作者是一种现代角色，更属偏狭。作者角色之源远流长，有何疑哉！所以，福柯的两个主要论点，一说作者的四个功能，一说作者是一种现代角色，皆可存疑。

所以，在回答了《作者之死》和《作者是什么？》对作者的质疑之后，我们应该另辟蹊径，找出作者理论新的发展方向。

作者研究的突围与创新

第四章

　　现有的文学理论架构中，很多关于作者的问题依然困惑着我们且亟待解决。比如，如何成为一名作者？文学作者的特质是什么？成为作者意味着什么？但提起作者，我们首先想到的却是作者之死。它产生的巨大影响改变了现代文学理论的面貌、文学批评的目标、文学阐释的方式和人们对作者的根本看法。那么，文学理论是否有责任解释现实中的作者现象？如果没有，理论何益？如果有，如何解释？面对这些问题，我们发现了文学理论与作者现象的脱节、与文学实践的深刻矛盾。文学理论离开了与作者的联姻，便和文学实践渐行渐远。

　　造成作者研究困境的主要原因有二。一是受作者之死的影响，文本阐释压倒一切；二是作者研究和作品研究界限混淆，造成作者研究的误用和滥用。

　　关于第一点，巴特的《作者之死》对当代文学理论产生的巨大影响显而易见。国内外对作者问题的研究受制于巴特所框定的作者与文本的关系，探索的多是作者的文本阐释属性。所以，作者之死虽被不断质疑与解构，作者研究却难有突破。作者之死所造成的明显后果是：文本阐释不断扩大领地，占据了文学课堂的多数时间和文学研究期刊的主要版面；作者研究不再受到重视，亦难产出真正的研究成果。文本的意义在于阐释，即文本必须可以阐释且能够无限阐释，但是文学研究也应该关注作者所体现的文本生产动力和源泉，否则，就不是完整的文学研究。

作者的属性体现文学的属性，把作者的属性简单化就等于将文学的属性简单化，单从作者与文本的关系入手，解决不了文学发生发展的根本问题，作者研究必须拓展思路和理论范畴。我们必须清醒地认识到，最能够体现文学中人的要素的是作者，作者之死的背后是对作者与人的主体性的争夺，是作者主体性和批评主导论的角力和对垒。作者研究应当更贴近人的研究，应当更加深入。

关于第二点，所谓误用就是把作品研究等同于作者研究，所谓滥用就是动辄以作者研究为名却并不研究作者与文学的问题。其表现在于，很多定名为具体作者研究的著作实际上是对作者作品的分析。以作品分析取代作者研究成为常见的现象，这似乎表明：作品等同于作者。其实不然。作者以作品立身，这是毫无疑问的。一个作家之所以被称为作家，乃是因为其有作品行世；被称为著名作家，乃是因为其作品著名；被称为经典作家，乃是因为其作品经久不衰。作品研究的重点是作品，研究作品是什么样的存在，研究作品的形式、技艺和主题。作者研究则研究作者，研究作者是什么样的人，何以能够写出那样的作品，研究作者作为人的构成，即他/她的思想意识、素材来源和创作过程，及其对文学、对社会、对人类的影响力。作品是作者的立身之本，是作者的标志，但不是作者的全部。作品研究是作者研究的重要内容，但不是全部内容，也不是特色内容。

作者研究的重点是人。人是多重的存在，具备多种属性，如物质属性、精神属性、生理属性、家族属性、民族属性和世界属性等。这些属性很难说也是作品的属性。作者研究和作品研究密切相关，但却属于不同范畴，有各自的领地和命题。作者研究也分析作品，但作者研究中的作品分析是为了说明作者是什么样的人。对于作者研究而言，人是论点，作品是论据。此外，作者研究也关注作品形式，以说明作者对于特定艺术形式的突破和贡献。

作者研究和作品研究的立意不同，出发点不同，当然结论导向也不同。所以，作者与文本、作者与读者、作者与社会文化生态的关系有待重新认识，作者的文本属性有待认真研究，作者研究的范畴和内容也有待重申。

作者研究的创新之处在于：一是区分了文本中的作者与文本外的作者，拓展了作者研究的领域与范畴。二是提出了读者与作者融合的新观念，调和了作者之死与读者再生之间的矛盾。这是两个基本理论问题。在此基础上，再提出作者生态研究和创意写作研究，重视文学创作的动力研究，找回文学的本意和要义。

4.1　文本中与文本外的作者

作者有多重形象和角色，背负着人们的不同期望。对于巴特"作者之死"的断言和福柯"作者是什么"的质疑，现代文论进行了多方面的突围。然而，种种作者观念大多只在作者与文本的联系中寻找出路，造成了无尽的混淆和纷争。现代作者理论的最大混淆是作者概念的混用。作者创造了文本，还是文本成就了作者？作者是创作的主体，还是阐释的客体？作者概念的混淆造成了文学观念的差异。

自巴特提出作者之死以来，这种概念的混淆一直存在。无论是坚持作者之死，还是为作者辩护，通过考察现代作者理论中众多的作者命名方式，我们可以发现，所有的争论都集中在对作者不同属性和不同角色的理解上。而作者的不同属性和角色，总括起来可分为两种：文本中的作者和文本外的作者。换句话说，争执的原因在于这两种作者的混淆。那么，果真存在这两种作者吗？答案是肯定的。

其一，具体文本中的作者。这个概念带出的相关问题是：作者与文本是否有关系？作者是否一定要死去才能带来读者的狂欢？作者的意图是否真的重要？在何种程度上重要？对作者与文本关系的不同理解，是巴特的现代作者理论和传统作者理论的根本分歧所在。否定作者与文本的联系，忽略文本中的作者意图是巴特和福柯的作者理论的支点。而注重作者意图在文本中的体现，强调作者与文本的必然联系是传统作者理论的基本观点。这种分歧代表的是两种不同的文学理念和批评实践。

需要注意的是，必须在文学文本发表之后，作者意图与文本阐释的关联才能成为一个命题。没有读者阅读的文本不成其为作品也是基于这一点。所以，巴特的作者理论和意义阐释只能发生在文本发表之后，关注的只能是读者阅读中的具体文本。

其二，文本外的作者，指现实生活中以文学创作为诉求的作者。这个概念带出的相关问题是：作者如何创作文学作品？作者的素质、特质构成为何？通俗地讲，这些问题就是：谁在写作？谁能够写作？如何写作？为什么写作？文学作者是什么样的人？他/她对文学有何期望？他/她对文学与人生、文学与社会的关系如何理解？他/她在这个物质世界里的生存状况、精神存在和情感诉求如何？

在文学创作之前和创作过程中，这些问题就有研究的必要，并且可以进一步延伸：如果文学作者是一种职业，它和其他职业如科学家、工程师、体力劳动者的区别在哪里？如果文学是一种精神存在，它和其他作为精神存在的领域，如宗教、哲学和艺术的区分在哪里？这些问题远远超越了具体文本的阐释。

从巴特、福柯等哲学家和文学批评家那里获取这些问题的答案无疑有些冒险。要回答现实生活中以文学创作为诉求的作者所带出的上述问题，需要新的研究方法和理论建构。换句话说，如果能从真正从事文学创作的作家那了解他们对这些问题的回答，显然有益于文学理论的建构。这里涉及作家和哲学家不同的思考起点和思考方式，即作家惯于从创作的源头和文本的产生思考文学的问题，而哲学家和批评家惯于从文本本身和文学生产的结果开始他们对问题的思考。所以，对作家创作动机的探寻包含了对文本意义的追问和对文学创作过程的体验。这种思路对哲学家和批评家的思考是一次反驳、矫正，或者至少也是一种必要的补充。

所以，重构作者理论首先要区分文本中的作者和文本外的作者，进而确立文本外的作者概念。形式主义、新批评、结构主义以及解构主义所精心营造和构建的作者概念显然不适合回答上述相关问题和延伸问题，因为这种区分远远超出了"作者与文本是否相关"这个问题的范畴。

文本外的作者是深谙文学魅力，以文学为精神寄托、职业追求和思想所依的那一类人的称号；既可以指一种职业，也可以指一种精神领域的从业者、追求者，一种在现实世界中以虚构和想象为业的人。他们具有独立的精神追求，不管这种追求是否或在多大程度上体现在他们的作品中，这种精神追求本身具有的启发性应该得到重视。在文学边缘化的今天，他们的存在本身就是一种坚持和态度。

这种文本外的作者即现实中的作家，是小说、诗歌、散文、戏剧等所有文学形式的创作者的合称。他们的创造不仅是供批评家分析阐述的文本，而且还是与他们对生活的深度观察及思考密切相连的作品。换句话说，作品就是他们的生命体验。如果能挖掘、还原这种体验过程来作为一种生命存在的方式，会给我们更为丰富的启示。这类启示将超出具体文本的启示，而与读者自身的状态相关。

根据以上阐述，文本中的作者和文本外的作者是两个概念。文本中的作者即作品阐释中的作者，是文本阐释的产物，是一种阅读和批评的角度，是虚构的、阐释的，因而是多变的，产生和出现在文学作品出版流通并被阅读批评之后。文本外的作者即创作作品的作者，是具体的人，是现实中活生生的存在，出现于文学作品之前，与文学作品相伴相随，在作品中体现，并在作品被阅读和阐释之后仍然存在。虽然文本中的作者和文本外的作者可以是同一个人，但前者是人的文本属性，后者是人的现实存在。

文本中的作者（被阐释的作者）不等于文本外的作者（创作作品的作者），文本也不等同于作品。文本是批评和阐释的素材，而作品是有传统光辉和生命力的独立存在。任何文本都是作品整体的有机组成部分。从作为文本中的被阐释者的作者到作为文本创作者的作者，我们不但可以了解文本阐释的一切，包括文学技法、形式、素材和内容，还能体验创作者的生命和思想，体验人类思维的高度、情感的强度和视野的广度。而实际上，对于文本的创作者，我们遗忘了太久，忽略得太多。

文本外的作者是历史现实中的作者，是创作作品的作者，是贴近人类学、社会学意义上的作者，而不仅仅是存在于作品中被阐释和被分析的作者。文本外的作者不是一个静态的称谓，而是一个动态生成的过程，可以指称作品产生前和产生过程中的作者。关注文本外的作者需要关注作者的生活状态和社会存在，如作者生成的外部文化语境、写作环境和社会历史背景；还要关注作者自身的生成规律，如作者的教育背景与文学思想的形成等。

从文本中的作者到文本外的作者，不是简单的称谓的改变。由（文本中的）作者之死到（文本外的）作者重建，这不是一种对从形式主义、新批评、结构主义以至解构主义所构建的作者概念的简单还原，或是对古典作者概念的简单重复，而是一种对文学批评遗产的反思。从文本中的作者到文本外的作者的研究重心的改变，也意味着文学边缘化大背景下文学理论构架的新方向。

现代文学批评的巨大缺憾是：对于文学的现象，我们一向阐释得过多；对于文学的生成，我们已经遗忘得太久。以至于当作者之死提出之后，很长时间内，我们无所适从，亦无法回应。其实，我们可以如此回答：文本中的作者死了，但文本外的作者还活着；作者可以被肢解，但作家必须精气神一体；文本可以被解构，但好的作品却常读常新；理论会死亡，但文学却生生不息。因为作者与文学同在，他/她固守在文学的源头，和文学的本原一体。

所以，区分文本中的作者和文本外的作者具有重大的理论意义，是重建作者理论的必要前提。换言之，在新的文学理论的建构中，作者应该重新归位。在商业主义的尘嚣之上，在读图时代业已来临的当今，在新的文学理论的版图上，在文学理论与文学实践渐行渐远的轨道上，把作者研究从作者之死的思路上拉回来，重建作者，重视文本外的作者，不但必要，而且刻不容缓。

在此基础上，重新确定作者理论的范畴、领域和研究方法，拓展作者理论的研究空间，提出重建作者的主张和具体策略，引导当代文学理论由对文本的解析转向对作者的重视，找回文学感动人心的源泉和力量。这一方面是对西方学界重建作者理论的回应，另一方面是针对作者研究现状而作出的应对之策。

重建具有说服力的文学理论也许还是要从关于文学和作者的基本命题开始。文学的基本命题之一就是：文学因人而产生，因作者的书写而存在。从这一点来看，文学的状况与作者的境况密切相连。所以，重建作者，有回到源头的意味。从文学发生的源头开始，对于找回文学的意义，唤回人们对文学的热情，架构新的文学理论，是一种可能的途径。

4.2　作者与读者的融合

作者与读者的关系很复杂。究竟是谁对文本有解释权，是作者还是读者？这里争夺的是文本意义的占有权，是作者和批评家关于文本意义占有权的较量。事实上，读者从来没有独立，真正想独立的是批评家。批评家假借读者名义对文本进行读解或肢解，实际上是对文本意义的觊觎和占有。作者死去、读者狂欢的背后，是批评家阴险的冷笑。如果换一种思路，作者就不必担心权力的丧失，读者也不必受此愚弄。

由于传媒的发展和创作效果的需要，作者注定要考虑读者，使作品与读者建立联系。当代作者很少以藏之名山传至后世为目标，很少以万古孤独为旨归，多少都会考虑读者的接受问题。所以，作者在写作之初，就已将读者考虑在内了，脱离社会现实、不顾及读者反应的作者很少。这是现代传媒影响和作者存在当下理念的必然结果。即使不考虑具体的读者，作者也总还有期待，就像读者阅读作品时有期待视域一样。作者的期待可以是对完成创作预期的期待，可以是对突破自己的期待，也可以是对读者的期待。

作品完成之后，作者作为作者的状态、角色与使命便完成了，于是开始进入作为读者的角色、状态，像读者一样阅读作品、反思作品，将作品看成客体，发挥读者的主体性。这就是作者与读者的融合。比如欧内斯特·海明威（Ernest Hemingway）对《老人与海》的修改删节，既是他作为作者的结束，又是他作为读者的开始，而实际的删改同时涉及作者与读者的角色。在他身上，体现了两种角色的融合。

所以，在创作实践中，作品的完成并不意味着作者之死，而是灵感型、创作型作者角色的终止。创作中的作者与作品是融为一体的，作品中有作者的生命意志和体验，有作者的倾情投入，是灵感的、神授的、个体的、主观的作者在写作。作品完成之后，在修改过程中，作者身上批评型、观照型、欣赏型的读者角色便开始发挥作用，反观自己的作品。这就体现了创作的作者与欣赏、批评、观照、阐释的读者合二为一，其所要完成的工作是对期待视域的修正。

这时，可引入一个新的名词——创作期待，或称之为作者期待，与接受美学论之读者期待视域相对。这不一定是指作者期待自己的创作意图得到彻底的贯彻，因为很多作者的实际创作经验说明，他们并不一定有这样的意图，且这一意图也在不断地改变，因为人物的性格、故事的发展等都会影响作者的构思。构思的作品和完成的作品存在差距，这是显而易见的事实。所以，作者意图是个过时的名词，不如用作者期待取而代之。由读者期待视域到作者期待，由灵感创作到观照反思，作者与读者融合共生，促成作品的再创作和作品的最终完成。所以，作品创作完成后，作者并没有死亡，而是经历了角色的转换。读者并不是横空出世，而是来自于角色的接管。

理想的状况是，有见识的读者营造创作的氛围，烘托、维系创作的水准，影响文学标准和经典的确定。有创造力的作者具备自省的能力，以及自我磨砺和提高的意识。文学创作既是灵性和感性的写作，又是理性的观照；既是个体经验主观的、个性的表达，又是客观的反省；同时也包含对读者的信赖。读者与作者的双向共鸣营造了优秀作品产生的条件和氛围，促成了高水准的文学艺术创作。当然，这种融合也有危险，读者的高尚品味能够提升文学的水准和氛围，而低俗的时代气息则会造成文学的堕落。

文学创作必是审美的、灵性的、个体的、生命的、主观的，与作者个体相关；文学阅读则必是判断性的、尽量客观的、类比的、挑剔的，与时代风尚有关。二者的融合实际是作者生命与时代气息的对接。读者的品位和时代风尚决定了作者是被孤独包围，还是能够引起共鸣。作者与读者密切相连，双向互动，而不是线性的、有其一而必去其一的取代关系。这也说明文学从来不只是文学自身，从来不只有文学性，就像作者不能孤立自己一样，文学需要回响。这也说明文学是一种复杂的系统，这种系统是具有审美意义的、富有情感的、体现个体意志的和充满生命体验的——这是由作者代表的一极；同时，文学也是社会的、历史的、文化的、民族的、神话的——这是由读者代表的另一极。在这个复杂的、互动的系统中，促成这个系统运转的是处于核心的两极：读者与作者。这恰似太极中的两仪。作者之生即读者之生，作者之死即读者之死。二者相生相依，共同促进文学的发生与发展，也共同促成文学的谋杀与堕落。对于文学的不同后果和方向，二者都有责任。

4.3 作者生态研究

作者生态研究是作者重建的具体策略，是以作者为中心的文学研究。作者生态研究的核心观点是，作者是一个不断建构中的角色。作者生态研究的内容包括四个方面：作者生成论、作者角色论、作者创作论、作者接受论。四个方面的相互作用构成完整的作者生态系统。作者生态研究的提出有其理论的合理性和现实的必要性。这是一个新概念、新视角、新领域，主要针对作者研究的困境，旨在改善作者的生存状态和成长环境，拓展文学理论研究的视野、领域和方法，既有理论启发性，又有很强的实践性。

作者生态研究的核心理念是，作者就像一粒种子，自身便包含文学创作的成长基因，他/她可以自我成长，自我完善，但同时也需要阳光、水分、土壤等外部因素和环境的作用。这颗种子可以复制、传播、繁衍。作者对文学史产生影响，同时又受到文学传统和文学环境的影响，文学史中的作者都是这种双向作用、多方位系统影响的结果。因而，作者生态研究对作者的定义是：作者不是一个静止的概念，不是一个固定的形象，而是一个不断建构中的角色，处于不断生成和生长的系统中，处于写作过程和生存环境的互动关系中，是这一动态过程的产物。

根据这一核心理念，作者生态的定义有两个：广义的作者生态与狭义的作者生态。广义的作者生态指作者的产生、存在和作用系统，包括四个方面：作者的生成与成长研究，即作者生成论；作者的角色与特质研究，即作者角色论；作者的创作研究，即作者创作论；作者及其作品的传播、接受与影响研究，即作者接受论。四个方面各有不同的内涵和具体所指，可以构成内容各自独立但又相互作用的作者生态系统。所以，广义的作者生态研究包括作者研究的全部内容。其与一般意义上的作家研究的不同在于，作者生态研究强调作者研究的动态性，与各方面的联系和相互作用，以及作者对文学的反向作用，即作者对文学史和文学批评的影响。

狭义的作者生态研究包含两个方面的内容：作者的自我成长和作者的外部环境。这两个方面有机地结合在一起，构成了作者的整体面貌。具体而言，作者生态的基本概念既包括作者生成的外部文化语境、写作环境和社会历史背景，也包括作者自身的生成规律，即作者文学思想的形成与发展，如作者的性格禀赋、素质特征、教育背景、写作资源和素材运用等。所以，作者生态指作者孕育、成长和发展的全过程，是对一个人之所以成为作者、之所以被称为作者的动态研究和静态描述相结合的全方位概括（刁克利，2011：157）。狭义的作者生态研究的重点是作者的产生。

4.3.1　作者生成论

作者生成论研究作者的生成与成长。其理念是作者的生成在于外部环境和内在成长规律的互动，这和狭义的作者生态研究概念相同。换言之，狭义的作者生态研究的重点即作者生成论。

作者生成论是对作者作为真实的人的研究，重点在于作者由普通人成长为作家的过程。为了说明作者的成长，可以和具体作品的创作相联系。但这种联系是为了说明作者的成长、作者对文学的认识及其对写作的自觉，不一定关乎作品的阐释。作者生成论是对作者作为真实的人、现实的人的研究，这和隐含作者、作者形象等与文本阐释相关联的作者研究有根本的不同。

作者生成论即作者的成长研究，既包括作者生成的外部社会、历史、文化环境，又包括作者自身与写作相关的早期兴趣、教育背景、知识结构和写作能力的培养，还包括作者角色的确立和作者对此的自我认知——既注重作者成长的外部原因，又注重作者成长的内在规律。

这又可以分为两个研究层面：一是个体作者的生成研究，即一般文学史中的作者传记批评；一是群体作者的生成研究，即一个时代、一个社会中的作者生成现象和状况研究。

作者生成论的研究资源包括两个部分。第一是文学史，即文学史中的作家生平与创作，这与个体作者生成研究相对应，即研究作者的角色认知、教育背景、素材来源、个人创作特色的形成等。第二是作者所处时代的社会文化环境，这与群体作者生成研究相对应，即研究作者的整体境况，强调作者研究的时代性、整体性，以及作者与文学环境的互动。作者传记和书信等是作者生成研究的文献资源，作家访谈和实地考察则是作者生成研究的重要途径。

个体作者的生成研究在内容上和作者角色论相交叉。作者角色论是作者生成的一个重要判断标准，只有作者有了明确的角色认知，他/她作为作者的角色才算确立。

4.3.2　作者角色论

作者角色论即研究作者是什么，包括作者之所以成为作者的素质特征与角色认知，可以分为理论层面上的作者角色论和个体层面上的作者角色论。理论层面上的作者角色论即作者本质论，是对作者之为作者的本质属性的界定。个体层面上的作者角色论即作者特质论，指某一具体作者的个性特征、角色认知和对写作的理解与追求。个体作者角色研究既与一般意义上的作者思想研究相通，又可拓展为作者个体角色认同与文学传统的联系研究，即研究某一具体作者如何为作者进行新的定义和命名。

具体作者角色论的研究内容也可以分为不同的方面。

其一是作家定义的作者角色。研究资源是文学史中的作家思想和作家文论，尤其是作家对自己作为作家的意义、价值和追求的反省与总结。研究方法可以借鉴理论层面的作者角色论研究，提炼作者文学思想中的作者角色论，同时结合其创作实践，分析其创作中对作者角色的追求和体现，具体可以参考传统的传记批评。比如乔伊斯从作者与作品的关系出发，将作者定位为漠然的上帝。对于乔伊斯对作者的角色定位，我们可以研究其形成：比如时代背景和社会环境的影响，以及他的美学思想和文学抱负的影响等；或根据这一点研究他选择自我放逐的依据；或研究漠然的上帝和自我放逐之间的创作张力与美学意蕴，及对他创作主题和创作方式的影响；还可以据此阐发他对作家放逐这一命运观的联系和回应，以及对文学创作原理的理解和创作境的追求等。

再比如针对劳伦斯的作者角色论，可以研究他对小说的期望和他对小说家角色的认识。由于他对小说的期望很高，把小说看作人类有史以来最伟大的发现和最高级的表现形式，认为只有小说才能激活人的全部意识和本能，体现人的完整，即肉体、理智和精神的三位一体，所以他对作家角色抱有很高的期望。他声称，"作为一名小说家，我认为自己高于圣人、科学家、哲学家、诗人，他们都仅仅对经验的一部分作出剖析，而不能把握人的全部"（劳伦斯：92）。相比之下，小说家则要面对整个生命，小说要书写的是一部"闪光的生活之书"（92）。从这个角度，我们就能理解劳伦斯文学创作的动力和勇气的源泉，理解他为什么经受了那么多的挫折，依然坚持自己富有特色的小说创作，始终不改初衷地继续自己的探索。

其二是作家在作品中塑造的作者角色。比如雪莱在《西风颂》中塑造的"预言家"。雪莱在诗中如此描绘：一个原本像风一样自由、狂傲的少年，由于屡受挫折和磨难，无数次跌倒在生活的荆棘上，遍体鳞伤，鲜血直流。但是，由于受到了西风的感召而幡然醒悟，他抖擞精神，重新振作，直欲随风而去，并愿化身风的竖琴，向人类吹响预言的号角。

> 就像从未灭的余烬飏出炉灰和火星，
> 把我的话语传遍天地间万户千家，
> 通过我的嘴唇，向沉睡未醒的人境，
>
> 让预言的号角奏鸣！哦，风啊，
> 如果冬天来了，春天还会远吗？（雪莱，1984：38）

对于西风所蕴含的预言家精神，既可以就诗论诗，更可以结合诗人的创作经历、追求，和他对诗人角色的认知，以及他在《诗之辩护》中所阐发的诗的精髓境界，发掘更多的内涵和更富有启发性的内容。

其三是不同文学思潮或文学理念中的作者角色。比如作为人文主义者的莎士比亚，他的戏剧创作体现了人文主义背景和人文主义特色；比如作为浪漫主义诗人的华兹华斯，他的诗论思想和诗歌创作实践包含了浪漫主义元素；比如作为现实主义小说家的查尔斯·狄更斯（Charles Dickens），他的作品表现了现实主义创作理念和特征；再比如劳伦斯的小说涉及精神分析，庞德的作品反映东方文化等。

以上共涉及三种具体的作者角色论：作家在思想中定义的作者角色、作家在作品中塑造的作者角色及文学思潮中的作者角色，它们都可以和作者生成论结合起来研究。作者的生成和成长其实就是作者对作者角色的认知和确定过程。一个人一旦建立了成为作家的信心和自觉的创作追求，他/她的作者角色论也就明朗了。同样，一个作者如果有了明确的作者角色论，他/她作为作者就有了独特的创作追求、创作方向和创作目标，也就构成了他/她的创作特色。

此外还有作品中的作者角色，或称为文本中的作者角色。作品或文本中的作者角色与上述第二条"作家在作品中塑造的作者角色"不同。其不同之处在于："作品中的作者角色"强调的是作者对于作品阐释和文本解读的功能，而不是作者对于作品创作的主体性。

这一部分的研究可以结合修辞学和叙事学中所论及的一些作者角色理论术语进行，或者将修辞学和叙事学中关于作者与文本联系的术语和概念辨析之后，结合具体的作品分析进行阐发。作品中的作者角色研究可以引用的研究资源包括：布斯的"隐含作者"，M.M.巴赫金（Mikhail Mikhailovich Bakhtin）的"作为创作者的作者"，沃尔夫冈·伊瑟尔（Wolfgang Iser）的"叙述者"等。我们需要仔细辨析这些理论术语，并且有效地结合作品进行分析。如果作品中包含了隐含作者与真实作者的联系，那就是我们所论述的作者角色论；如果仅限于将作者作为叙述手段或创作技巧的作者，则不是我们所探讨的作者角色论。

4.3.3 作者创作论

作者创作论是对作者创作的研究，主要内容是作者创作心理的形成与表现，作品素材的来源与处理，作品创作过程中心、神、意、识的展现与表达，包含两个层面：第一，对具有普遍意义的创作心理的理论研究，可以不必与具体作品创作相联系；第二，对具体作者的创作状态或具体作品的创作过程的研究，如作品与作者的联系、作品中的传记因素等。这实际上是具体作品的生成过程，必定和具体作品的创作有关，需要重点关注作者的创作过程和心智投入。

作者创作论的研究资源可简单归为以下五种。一是文学创作理论，即文学理论中的创作论。比如叔本华对艺术家与精神病人的考察与对比，弗洛伊德对作家无意识的挖掘，对力比多升华说的阐释，以及对白日梦的论述等。二是作家传记批评研究和作家生平与作品的对比研究，这是传统作家研究的主要内容。三是作者本人的创作经验总结，集中体现在作者的文论和创作经验谈中。比如多萝西娅·布兰德（Dorothea Brande）的《成为作家》（*Becoming a Writer*）、E.M.福斯特（Edward Morgan Forster）的《小说面面观》（*Aspects of the Novel*）、约翰·加德纳（John Gardner）的《小说的艺术》（*The Art of Fiction*）等，还有中国作家陈忠实的《寻找属于自己的句子——〈白鹿原〉创作手记》、王安忆的《心灵世界：王安忆小说讲稿》、曹文轩的《小说门》》等。此外，作家回忆录和作家访谈也值得认真整理，严肃对待，需要结合作家的创作与具体作品分析进行对比研究。四是结合具体作品的创作过程研究，比如创作素材的发现与提炼，作品主题的发掘与揭示，以及作者创作风格与特色的形成等。五是文学教育与创意写作研究。

作者创作论和作者生成论有交叉，作者创作论是作者生成论的具体说明和展现。作者生成论注重过程研究，以作者的整个文学生涯或对其有重要意义的某阶段的创作为研究对象，强调作者特色的确立。作者创作论以创作理论和具体作品的生成过程和特色分析为研究对象。作者生成论研究一定是动态研究，作者创作论则不一定，它可以是从作者如何创作的角度进行的作品分析。

4.3.4　作者接受论

作者接受论即研究作者被认同、被接受的过程和结果。作者的接受主要是指作者及其作品和译本在不同语言、社会文化环境下的传播和接受，由作者的传播和影响研究又可以生发出译者生态研究。

作者接受论还包括作者被接受的后果及其所带来的综合影响，强调作者对文学史和文学理论的反向作用，即作者通过自己的创作实践、文学思想及社会活动丰富文学的观念，拓展文学研究的领域，提升文学的影响力，并重新界定如何成为作家、何为作家这类问题。

这部分的研究资源是文学批评史，包括作品在不同文化中的旅行和接受，作品的不断阐释、评价和传播，以及作品的译本和翻译史研究。具体研究内容既是文学史、文论史和批评史中对作者的评论，又是作者对时代和社会文化的影响，以及作者在文化交流中乃至人类历史文化中的贡献。所以，文化史、翻译史也是这部分的研究资源。

综上所述，作者生态的内容可以分为作者生成、作者角色、作者创作和作者接受与影响等，作者生态研究是对作者生成论、作者角色论、作者创作论和作者接受与影响论等的互动关系及相互作用的研究。

4.4　创意写作研究

创意写作是围绕作者中心论展开的教育理念和教学策略，符合作者生态研究所持的理念：作者生成是动态的过程。从这个理念也可以得出这样的结论：作者是可以激发和培养的。因而，创意写作学位项目的产生和开展可以作为当代作者生态的典型范本进行研究。

创意写作指原创性的写作，就是我们通常所说的文学创作。创意写作涵盖虚构和非虚构领域全部文学形式的创作，包括小说、诗歌、戏剧和电影脚本，及其他有想象力的散文和回忆录等。经过两到三年的学习，创意写作项目的研究生在毕业前提交一部独立创作的文学作品或作品集，根据其学习方向，可以是小说、诗歌、剧本等。若通过答辩，便可授予创意写作硕士学位（MFA in Creative Writing）。MFA的英文全称是Master of Fine Arts，直译过来是美学硕士，即创意写作被归入大美学学科，和绘画之类的美术创作，雕塑之类的工艺美术，以及电影导演和制作等在一个学科门类。这是个终端学位，等同于文学、语言学或艺术等学科的博士学位。近年来，为了适应实际需要，美国不少大学正在把这个学位升级为创意写作博士。

创意写作项目的主要目标是培养作家。提升人文教育，以及训练学生从事与文学相关的职业是第二目标。这个概念来源于美国。美国作家与创意写作项目协会（Association of Writers & Writing Program，简称AWP）成立于1967年，最初的发起者是来自13个创意写作项目的15位作家代表，之后便发展迅速。根据2011年发布的《作家与创意写作项目协会主任手册》（*AWP Director's Handbook*），美国作家与创意写作项目协会现有500名大学会员，34,000名个人会员。现在北美的2,400个文学系中，绝大部分开设了创意写作课程。近年来，这个学位的录取比例很低，是个非常难申请的学位。申请者除了需要提交申请其他学位所需的所有资料以外，还要递交自己的作品。英国和澳大利亚的情况也基本相同。除了美国以外，英国、加拿大、澳大利亚、新西兰的研究生创意写作项目发展迅速，以色列、墨西哥、韩国和菲律宾的创意写作教育也正在蓬勃兴起。

创意写作在美国经历了很长的萌芽、发展和壮大的过程，其兴起原因众多。其中，高等教育改革、大学理念的改变与大众教育的推广对创意写作的兴起起到了推动作用。高等教育对创新思维的重视，以及创意写作与国家梦想的契合，是创意写作能够兴起的深层原因。而创意写作与文学教育、文学批评理论，尤其是新批评更有直接关系。

首先，美国创意写作的兴盛与高等教育改革和教育观念的改变相伴而生。美国大学创意写作教学的真正开始可以回溯到十九世纪八十年代哈佛大学开设的"高级写作"课，这门写作课包含了现在所认可的创意写作的基本要素，成为当时美国各大学写作课的主导模式。"创意写作"作为一个术语被广泛应用于二十世纪二十年代，这主要得益于当时的进步教育运动（Progressive Education Movement）。该运动倡导寓教于乐，也是时任芝加哥大学哲学、心理学与教育学系主任的教育家约翰·杜威（John Dewey）的教育理念。在这种教育理念下，上课和背诵被工作坊模式代替。教学不是教学生记忆课本上的内容，而是鼓励他们说出自己的理解，"不再把英语当成一门事实陈列和语言学意义上的考试，而是一门通过表达自我的方式来促进个人发展的课程。英语课是为了表达自己，而不是为了显示学生对英语语言和文学概念的掌握"（Myers：121）。因此，创意写作作为一门课程主要是为了摆脱传统教育观念的束缚，释放人的想象力，开发个人的观察与记忆能力，让学生能够实践文学创作，体验独创性。

写作指导的正规化也与二十世纪早期的新闻训练职业化有关。1908年，在密苏里大学诞生了第一个新闻学院；1912年，最富盛名的哥伦比亚大学新闻学院开始招生。1908年至1915年间，17所大学设立了新闻专业。新闻写作训练改变了人们对写作天才和写作技艺的认识。也是在这一时期，纽约大学把"创意写作"作为一门研究生课程的部分内容。"创意写作"被用来指一门课程，最早出现在休斯·默恩斯（Hughes Mearns）的著作《创意青年》（*Creative Youth*）中。从此以后，这个名称一直被沿用至今。

诗人和小说家进入大学教文学课也有利于创意写作的开展。当时最受欢迎的诗人阿尔弗雷德·诺伊斯（Alfred Noyes）任教于普林斯顿大学

（1914—1916），罗伯特·弗罗斯特（Robert Frost）任教于阿默斯特学院（1917—1920），维特·宾纳（Witter Bynner）任教于加州大学伯克利分校（1918—1919）。

第一个创意写作项目出现于二十世纪三十年代末。当时的文学批评主潮——新批评强调文本细读的批评方法，也助力了创意写作。这一点已在2.3.4"文本细读与创意写作的兴起"一节中有过论述。

创意写作的繁荣伴随着高等教育的扩张。二次大战后，美国大学的招生规模成倍扩增。从1930年到1957年，大学录取人数增加了一倍多，由100万出头到250万，1960年至1969年又翻番，录取人数达700万。率先设立创意写作硕士项目的大学有：约翰·霍普金斯大学（1946）、斯坦福大学和丹佛大学（1947）、康奈尔大学（1948）。到1970年，共有44个创意写作硕士项目；到1980年，超过100所大学设立了创意写作硕士项目。

爱荷华大学作家工作室发起了美国第一个创意写作学位项目，被认为是创意写作发展的摇篮。早在1897年春季学期，爱荷华大学开设了第一门创意写作课程"诗歌创作"，此后便开始邀请住校作家和访问学者教授创意写作。1922年，时任研究生院院长的卡尔·西肖尔（Carl Seashore）宣布，爱荷华大学接受创意作品作为学位论文。此后，文学院开始邀请住校作家和访学作家长期讲授创意写作课程。1936年，作家工作室开始招收创意写作研究生。诺曼·福斯特（Norman Foerster）在1930至1944年间担任爱荷华大学文学院院长。他的贡献在于把英语系的重点从传统的文学史转移到了文学批评。"在爱荷华大学文学院，批评和创作携手共进。其英语系不久就在文学理论领域成为全国最负盛名的文学系之一"（Wilbers：50–51）。保罗·安格尔（Paul Engle）是最早获得创意写作硕士学位的毕业生之一，他后来从1942年至1966年负责创意写作项目长达25年，巩固和发展了爱荷华大学创意写作项目的特色和声誉。二战期间，爱荷华大学创意写作项目的招生人数不过12名，但战后几年内，招生人数增长至百余名，主要分为小说和诗歌方向，之后该项目便享誉至今。创意写作项目和作家工作室在全美开始普及之时，很多都是参照爱荷华大学的作家工作室，或是由其毕业生创办和任教。

由于文学传统和教育理念的不同，英国创意写作项目的开展时间比美国晚得多。英国的第一个创意写作硕士项目设立于1970年，第一个创意写作方向的"写作与出版"本科学位则设立于1990年。英国的创意写作项目是在美国蓬勃开展之后才引进的，但是一旦引进，同样发展迅速，效果明显。在英国，创意写作被认为是大学课程中的最新艺术形式，是具有独立教学方法和教学原则且能被授予学位的学科（Wandor: 1）。英国英语学科中心（English Subject Centre）对英国一共135个设置了英语学位的高等教育机构进行了调查，其报告结论说明："呈指数增长的创意写作课程已经对全国范围的文学状况产生了重大影响"（Gawthrope & Martin: Foreward）。

创意写作自诞生之日起就争议不断。争议一，作家可否培养，灵感可否传授？总有人认为，文学依靠天赋，创作需要灵感，因而，文学的天才是不可造就的。这个争论自古有之。从古希腊柏拉图关于灵感神授的迷狂说到现代弗洛伊德的精神分析学说，他们或者从哲学的角度，或者从心理学的角度探寻作家的创作秘密，或认为灵感来自神的启示，或认为文学创作是作家在现实生活中未能实现的白日梦的掩饰与升华。他们从不同的角度出发，得出的结论大相径庭。在创意写作的课堂上，由作家现身说法，比哲学家和心理学家的探讨更有实际的益处。

争议二，创意写作是使文学创作模式化，从而削弱了作家个性，败坏了文学品位，还是激发了作家的潜能，提高了文学的创新能力，提升了文学的水准？无论孰是孰非，美国可资借鉴的做法是：一边争论，一边如火如荼地将创意写作开办下去，培养出了一批又一批、一代又一代作家，更新了美国文学的面貌，扩大了美国文学的影响。

同时，由创意写作教育的开展所引发的这些争论也带来了一系列的观念更新和理论拓展，产生了多方面的影响。首先，创意写作启发了人们对天才与创造力的新理解。创意写作早期，最主要的争执在于文学创作是天才还是技艺。十九世纪末英美国家文学产业的职业化催生了现代职业作家。早期的写作指导书的目标读者是那些想当作家的人，而不是大学生。比如亨利·詹姆斯（Henry James）的《小说的艺术》（*The Art of Fiction*），奥斯卡·王尔德（Oscar Wilde）的《批评家作为艺术家》（"The Critic as Artist"），阿诺德·本内特（Arnold Bennett）的《作者的技巧》（*The Author's Craft*）等。这些早期著作都有一个不容置疑的主题：写作需要天才。

天才与生俱来，神秘而难以形容。但创意写作项目的广泛开展，使得越来越多的人认为，写作是一门艺术，和其他艺术一样有着自身的规律和法则。写作是一门技艺，可以学习，可以实践。即使天才不能传授，也可以发现和激励。所谓creative（创造性的、创意的），在神学词源上的意思是"上帝作为最初的创造者"。到了十八世纪，创造和艺术被有意识地联系起来，所有类型的文学作品都能被称作创意写作。"自二十世纪初，'创造性的'成为普遍使用的词汇"（Williams：46），用以强调原创性和创新性。所谓创造性能力，一方面指稀有珍贵的天才天赋，另一方面指每个人都具备的创新潜力和禀赋，激励和发挥这一部分潜能和禀赋应该成为教育哲学和实践的中心。到了二十世纪三十年代，这些观点赢得了普遍的共识。创意写作领域的经典之作《成为作家》的中心观点是："写作确实存在一种神奇的魔力，而且这种魔力是可以传授的。成为作家主要是培养作家气质"（布兰德：16）。有的作家认为，我们每个人的创造力都在某种程度上被封闭了，所以必须要致力于创造力的重新发现。所以，"写作就是一次精神的旅程，一次回家之旅，一次回归自己的朝圣"（Cameron：203）。也有观点认为，小说就是作者的个人传记。作家所写的必须是能够感受到的，但是这种感受可以想象而不必非要亲自经历。还有人提出，"成为作家就是一种生活方式，一种观察、思考和存在的方式"（Goldberg：xiv）。

争论其实已经从最初的作家可否培养转移到了如何更好地发现和激励

作家。所以，随着创意写作的开展，作家可否培养已经不成为一个问题。因为创意写作可以培养作家，而且可以培养优秀的作家，这已成为不争的事实。如何培养作家以及改善人们的创作能力和技艺，成为创意写作教学的重点。

其次，创意写作引发了教育理念和教学方法的更新。创意写作带来了文学创作必须由专业作家来传授的理念，因此也以新的方式将作家带入了校园。创意写作作为一个学科的方向定位，其与文学院系的关系，以及作家工作室模式对传统大学课堂教学方法的挑战等，都不同程度地引发了大学教育观念的改变、教学方法的更新和学科结构的调整。美国作家与创意写作项目协会作为一个独立的协会，负责创意写作项目的规范和推广，它在师资遴选、学生录取、课程设置、教师待遇、项目评估等方面都会进行全方位的指导。协会每年举办的年会也都盛况空前。而语言文学学科，即传统的英语系的所有学科则隶属于美国的现代语言协会（Modern Language Association）。

创意写作采用以作家工作室为核心的教学模式。作家工作室的人数在11至20人之间，不超过15人为宜，12人效果最佳。除了正规的大学学位教育，很多学校还开办了暑期写作工作室。写作工作室在民间也很受欢迎，其招生人数更为灵活，课程时长各异，且可以循环学习。工作室看重学生的写作经验，课程安排上既注重文学课程学习，又强调文学技巧实践，尽量保持二者之间的平衡。任课教课也因此分为两类：常规的、学术研究型的英语系教师讲授文学课程，而有成就的作家教师主要提供不同文学形式的写作技巧和创作理论课程，以及具体的写作指导。

目前，创意写作已经成为大学教育的重要组成部分。在美国，创意写作已成为艺术与人文教育中最受欢迎的学科之一，是本科生中最受欢迎的选修课。于是，传统上由英语专业（文学专业）承担的文学教育任务部分转移给了创意写作项目。此外，美国作家与创意写作项目协会特别关注本科生教育。如果说创意写作硕士项目及博士项目旨在培养作家，那么，本科学位则意味着更广泛的教育目的：一是拓展以实践为基础的文学教育方式；二是提供功能性的职业技巧，拓展文科教育的就业前景，为文化产业培养人才。所以，创意写作是大学文学课程危机的有效解决方法之一，对恢复文学在学术界和公共领域的影响力，以及为文学培育新一代读者具有重要意义。

更重要的是，创意写作是学习和理解文学的较好途径。创意写作对文学研究的启发或引出的研究课题有：创意写作是解决文学危机的有效方式；它复活了文学批评；它能指导文学批评教学；它鼓励阅读；它为提高整体文化水平提供了解决之道；它的教学方法（工作室模式）是对传统大学教学方法的挑战；它为文化产业培养人才；它为作家提供了新的资助方式；它是大学文学课程危机的有效解决方法之一；它是一种具有想象力的思维方法（Wandor：5–6）。

正因为创意写作引发了观念的更新和理论的拓展，在某种意义上可以说，创意写作挽救了当代文学理论，以出色的文学实践证明了解构主义所谓作者之死的虚妄。甚至可以说，创意写作重建了作者理论，重新界定了作者研究的领域，恢复了作者研究的活力。创意写作的开展为文学理论和文学实践的分离、隔阂与矛盾提供了解决方案。

创意写作的开展对美国文学的繁荣、创新能力的增强，以及国际文化影响力的提升起到了巨大的推进作用。自二十世纪三十年代以来，美国文学在世界上的影响力迅速提升，其中一个重要的原因是：创意写作教育的普及造就了许多颇有潜质的作家。当美国本土有很多人都具备了文学写作的能力，文学创新、思潮更迭的中心便从欧洲转移到了美国，美国成为诸多新的文学技巧和文学思想的发源地。创意写作项目的兴起被认为是战后美国文学史上最重要的事件，"关注文学成就与高等教育之间不断增长的密切关系成为理解美国文学动力和原创性的关键"（McGurl：ix）。

美国创意写作教育对于中国高等教育和文学发展有多方面的启发。首先，创意写作教育有益于作家的培养。相对于系统的创意写作硕士学位教育，我国的作家大多是自学成才，即使中文系毕业，学习内容主要涵盖文学史与文学批评，学科设置和课程安排很难满足文学创作学习的需要。除了个别作家在成长道路上有前辈耳提面命之外，大多数作家都是靠自己摸索，而成名作家来之不易的创作经验则很少得到系统的整理和传授。作家成为创意写作教师，既可以总结自己的创作经验，认真研究创作艺术，又可以将经验传授给青年一代。创作是一门艺术，需要潜心研究。当代文学各种新的潮流风起云涌，作家只靠个人的阅读和领悟会感到目不暇接。

创意写作的主要目的是培养新的作家。培养的主导者是有创作成就的作家，而不是长于文学批评的教授。青年学生善于学习，思维活跃，能悉心研读文学经典，终将引领未来。作家教师是文学的现在，他们的学生就是文学的未来。所以，创意写作也是在培育文学的未来。

其次，创意写作有利于培育文学读者，整体提高文学的创作水准和鉴赏力，改善文学环境。如果从事文学创作的人能够主动探索文学创作的规律，磨砺自己的创作特色，并对文学经典进行系统的阅读，深刻理解最优秀的文学作品，以及更敏锐地把握和了解作品风格和文学潮流，那么，他/她就会对文学创作有更高的追求，文学创作就会有较高的起点。同时，如果能够对优秀文学作品的判断标准达成共识，大众的文学鉴赏水平也会普遍提高。长此以往，文学传统就可以得到延续，整个社会的文学阅读和欣赏品位就可以维持较高的水准。开展创意写作教育更重要更长久的目标是解决文学创作的后备力量问题。创意写作方向的毕业生可以从事与文字相关的职业，比如编辑、教师、文案、广告创意等，推动整个社会文字水平和创意能力的提高。

创意写作的开展能够改善作家结构，未来将出现更多学者型和专家型的作家、对创作有同情心的批评家、有见识的文学编辑和有创造力的创意策划人员。他们共同引领文学的风向，培育有品位的文学读者和大有可为的文学市场，保障文学的未来。

再者，大学应该成为文学阅读、文学批评和文学创作的引领者。大学具有得天独厚的环境和资源，在作家培养和作家保障方面应该起到重要的作用。大学有独特的话语优势，作家进入校园，成为文学史书写的必要力量，自然就会获得更多的话语权，从而在引领文学潮流方面起到更大的作用。面对学界和批评界的批评，作家也会有更多的自信。从长远看，这将有利于改善作家与学术界、批评界的关系，相互借力，共同构建文学的图景。

高校可以给作家提供稳定的生活保障和创作环境，也是对专业作家体制的有效补充。作家可创作，可授课，相互促进，相得益彰，有利于保障其艺术生命的长久和对艺术创作的自觉探索。

大学的师资优势也有利于创意写作的开展。在创意写作项目中，传统的文学教师讲授文学史与文学批评，提高学生的鉴赏力；作家教师传授不同文体的写作经验，探讨观察生活与提炼素材的方法。这样能够改变新一代作家的知识结构和思想视野。随着一届届创意写作研究生毕业，作家队伍的构成也将逐渐改变，从而改变文学的风貌。

此外，高校藏书丰富，学科齐全，可以使作家不断拓展视野，在不同领域丰富、前沿的思想激荡下磨砺并完善自己的技艺和思想。

所以，通过培养大批普遍具有较高水准的文学创作者、批评者和鉴赏者，大学将成为文学创作和文学传授的主要场所，成为文学新潮流和新思想的发源地，成为文学市场的制衡者和社会阅读品位与风尚的引领者。

第四，高等教育改革的方向不仅在于实用性人才的培养，更在于创造性人才的培养。创意写作教育可以成为新的教育改革的增长点，为文化产业的未来提供人才保障，为创造性思维提供成长沃土。另外，对现有文学院和外语学院的设置来说，增加创意写作专业学位，可以完善目前文学专业的学科建设和课程结构。文学专业培养文学人才，当然应该包括文学创作人才。

越来越多的人认识到文学教育的改革势在必行，专业作家制度的改革也是如此。国内已经有不少大学开始正式招收创意写作硕士，还有大学成立了国际写作中心，这些都是有益的举措。创意写作教育和研究的中国化是值得努力的方向。

4.5　作者理论的基本问题

关于作者理论研究，有四个核心理念需要再三强调并贯彻始终。

第一，作者在当代文学理论中依然重要。当代文学研究仍然以作者为中心，很多文学问题归根结底都是作者问题。理不清作者的位置和作用，任何一种文学理论都无法有效地展开。约翰·考菲（John Caughie）在《作者理论文集》（*Theories of Authorship: A Reader*）一书的"导言"中说，"对作者作为文本来源和中心观念的挑战在当代批评和美学理论中一直占据着决定性的地位"（Caughie：1）。二十世纪后期的批评和理论正是"在这个挑战中建立起来的，恰如十九、二十世纪的诸多哲学是通过对上帝中心地位的挑战得以建立一样"（1）。这一点深得当代文论家的赞同。"与其说六十年代后期由巴特和福柯发动的对作者的批评摆脱了作者在这个世界上至高无上的地位，不如说事实上加固了作者问题在文学和其他文化文本解释中的地位"（Bennett：108）。作者理论是文学理论的基本动力，文学理论的建构必须从作者出发，从文学的发生开始，才能有源头活水，才能充满勃勃生机。

第二，必须强调作者的初始意义。作者既是文本的来源，赋予文本初始意义，同时又在阐释中获得生机，保持活力。研究文学作品产生之前的作者产生是作者生成论和创作美学研究的理论基础。脱离了作者的文本阐释必然会将文学逼入死路，也会让阐释者像"作者之死"的作者一样死去。因为阐释者只能依附于作品而存在，这是其先天的缺陷和致命伤。要之，不可否认作者的本源意义，否则容易造成阐释不足或过度阐释。

强调作者对于文本的初始意义，才是开展作家培养和作家生成研究的理论基石，才真正有利于文学的发展。虽然文学意义的提升可以从阐释和批评着力，但文学水平的提高只能从作者开始。真正的作者研究是对作者生成机制的研究和对作品初始意义的关注。否认作者作为阐释的起源显得偏激，过分强调作者对于文本的意义却是故步自封。所以，有必要区分作者理论和作品阐释理论，区分作者研究和作品研究。总之，批评保持文学作品的生机，作者维系文学创作的生命。

第三，作者的可贵品质在于超越。文学强调时代、性别、形式，但超越这些恰是文学的特性。一流的文学作者和一流的文学作品从来都是对固有形式和传统的突破。所以，正如文学文本与作者在文学研究中缺一不可、共处共生，我们不必亦不该强调其一而废其一。文学既是为了反映时代、性别、形式，又是为了超越这一切，只有超越才能展现文学的魅力。超越时代、性别、形式的文学作品和作者是一个很大的话题，构成了文学的生命力和魅力。不惟文学如此，一切人类智力活动，都是为了超越自身的局限。一切发明发现和技术进步，乃至社会变革，其意义都在于超越了现状。

第四，现代作者理论的重建必然需要超越已有的理论建构，探索新的道路。这种重建需要摆脱作者之死的思路，脱离形式主义的牢笼，挣脱性别之争的陷阱，强调文学的超越品质，强调作者的超文本属性，延伸至作者生成、创作、传播和影响研究，关注文学的动力源泉以及文学对于人类精神生活的贡献。

加强作者理论研究，是加强文学理论中人的要素的研究，是为了恢复和密切文学理论与人的联系。作者理论在文学理论中的角色和位置，便是人在这个世界的角色和地位。

研究发展趋势与建议

　　作者理论源远流长，博大精深。由于篇幅所限，本书只能理出大概脉络，写出流变发展的关节点，很多地方只能点到为止，很多核心术语只能稍稍提及，疏漏乃至偏颇在所难免。所以，从理想的状态看作者理论研究，首先需把文论家的作者理论逐一厘清，这是安下心来做研究的第一步。这方面可以开展很多研究。每一个理论家的作者理论都是一个很好的选题，都可以写出专著。比如柏拉图作者理论、亚里士多德作者理论、贺拉斯作者理论、锡德尼作者理论、康德作者理论、席勒作者理论、华兹华斯作者理论、柯尔律治作者理论、圣伯夫作者理论、丹纳作者理论、叔本华作者理论，尼采作者理论、艾略特作者理论、伍尔夫作者理论、弗洛伊德作者理论、荣格作者理论、波伏娃作者理论、海德格尔作者理论、巴特作者理论、福柯作者理论等等。但凡思想成体系的文学理论家都会对作者进行专门论述，其观点的整理、提炼、论证和总结就是内容丰富的作者理论。这是理论家的作者理论研究。

　　如前文所述，本书所论及的理论家都是关节点的重要人物或是某一流派的代表性人物。但本书未论及的理论家之作者论也十分重要，值得展开研究。比如黑格尔作者理论、歌德作者理论、萨特作者理论等。理论家的作者理论研究是基本功，属于经典作者理论的研究范畴。这种理论家的作者理论研究是从作者理论角度出发的文学理论再写，可以从中发现作者理论的独特演变历史和规律。根据任何一个理论家的作者理论，研究者都可以写出一本扎实的著作。

从理论家的作者理论中还可以提炼出不同的关键词，如本书正文中的小标题。这些关键词既是相关理论家作者理论核心论点的总结，也是具有共性的术语提示，每一个都是可以展开研究的话题，比如灵感、天才、游戏、神性、模仿、判断力、崇高、白日梦、欲望、集体无意识、神话、原型、存在、形式、传统等。还有一些关键词，本书虽然没有提及，但也十分重要，与作者理论密切相关，比如伤感、哀悼、通感、移情、创伤等。对每一个关键词的追根溯源和阐释生发都可以写出一本作者理论的观念史。

这些词可以与作者理论相加，构成作者理论研究的范畴，比如作者灵感论、作者天才说、作者与崇高、作者创作与游戏、作者移情说、作者与白日梦、作者与集体无意识等。与关键词研究一样，这既可以是理论的阐释和观念史的梳理，还可以结合具体作者研究，不断增加新的例证，生发出新的思想和见解，形成作者理论与创作研究的结合。

如果要展开更大的图景，站在更广阔的视角来研究，则可以关注重要文学理论流派的作者理论，比如古典主义作者理论、浪漫主义作者理论、现实主义作者理论、象征主义作者理论、意识流作者理论、形式主义作者理论、女性主义作者理论、后现代作者理论、后殖民作者理论。研究内容可以是产生背景、总体特征、代表性观点，以及作者理论在作品中的反映与表现等。

还有几个重要时间段的作者理论亦值得研究，比如上古时代的作者、古希腊时代的作者、中世纪的作者、文艺复兴时期的作者、工业革命时代的作者等，以及网络时代、智能化时代的作者书写和作者存在方式等。

总之，作者理论要迎接理论挑战，尤其是在作者之死的废墟上，要有重建的勇气和信心，对文本中心论进行回应和反思，重建作者与文本的关系、作者与世界的关系、作者与读者的关系。更重要的是，要重建作者理论自身，重建以作者理论为根基的文学理论，重新确立作者理论的边界、作者理论的辐射领域以及作者理论与文学理论、作者与人的关系。比如本书中提出的"文本中与文本外的作者""作者期待""作者与读者的融合"等思想，都是基于这样的要求。

作者理论还要推陈出新，有针对性地进行深入的理论探讨。比如作者与市场、作者与宗教、作者与传统、作者与时代、作者与伦理、作者与叙事、作者与地理、作者与自然、作者与环境、作者与族裔、作者与性别、作者与生态等，这些话题都可以进行深入研究，从而构建作者伦理学、作者叙事学、作者生态学、作者地理学等学科领域。此外，只要是文学理论中关于人的研究的核心话题与关键词，均可与作者理论并行或结合起来研究。作者理论应该不断革新，与文学理论的新动向密切互动，相互丰富和发展。

同时，我们也可以结合具体的作者研究，开展特定的作者群体与作者现象研究。比如作者群体与特定时代的关系研究，某种地理环境下的作者群体研究，以及不同族裔的作者群体研究等。

作者理论和作者研究应当是真正对作者的研究，应当有利于加深对作者的理解和帮助，应当具有建设性和创造性。这是本书提出作者生态研究的出发点，也是对创意写作教育如此关注和大力提倡的原因所在。作者生态研究是对作者的生成、创作、角色和传播的全方位研究，是对作者作为人的研究，而不是假作者之名的作品研究，可以对作者研究起到理论指导作用。

随着作者理论的深入和拓展，还可以开启另一个领域的作者理论研究——作家文论研究，即著名作家的文学理论和文学思想研究。作家文论的特点是作家的文学见解与其作者理论相辅相成，高度融合。作家文论研究可以和作品结合，可以分析作家的写作立场和角度、写作的初衷和意义、叙述者与作者的关系等，还可以分析作家对文学的期待、对作家的定义等。比如华兹华斯文论研究，不仅研究其文学理论，还研究其诗歌作品，重点是研究华兹华斯如何将对诗和诗人的期待体现在他的诗论和诗歌作品中。这样就为作者研究开辟了新的道路，即作家文论与文学作品的互证研究及再评价。

也可以重点研究作品中的作者形象，比如《荷马史诗》中的诗人、但丁《神曲》中的但丁、华兹华斯诗中的诗人、雪莱《西风颂》和《致云雀》中的诗人、乔伊斯笔下的青年艺术家等。这种研究是真正的文本中的作者研究，是对作品中的人的研究。《神曲》中的但丁形象和诗人但丁的文论，华兹华斯诗歌中的诗人形象与其诗论中对诗人的期待，以及雪莱在《诗之辩护》中的论断与他寄寓西风中的预言，皆能相互印证，有异曲同工之妙。这些妙处值得追寻，因为它们正是诗人创作灵感的源泉、动力、密码和信仰，从中可以发现诗的秘密，发现人类精神的根基。作家文论、作品和作家人物形象是三位一体的有机存在，构成了完整的作家世界。若将三者分离，则会肢解文学作为有机体的完整性，剥离文学的诗性，使文学分析支离破碎。

作者研究达到一定程度就可以期待一部作者的历史。这是关于作者诞生、成长、发展的历史，关于文学艺术形式变革的历史，关于文学种类和文学流派产生、发展、流变的历史。这样的作者历史可以称之为作家史。这样一部作家史关乎作家的代代更新，关乎文类的渐次更迭，关乎人类对文学的需求和文学对人类的贡献，关乎文学与生产方式、生活方式、社会阶层、书写方式、印刷技术、版权意识的关系等等。这是作家作为一个类属、一个职业、一种事业的描述，也是文学作为精神生活与物质生活及其他精神生活，如艺术、哲学、宗教等互动关系的记录评说。作者的历史是文学的历史，也是人的历史；是文明的历史，也是人与世界关系的历史；是人类生存、生活和存在的历史，也是人类情感、心灵和精神的历史。

参考文献

Abrams, M. H. *The Mirror and the Lamp: Romantic Theory and the Critical Tradition.* New York: Oxford University Press, 1971.

Barthes, Roland. "The Death of the Author." *The Death and Resurrection of the Author?* Ed. William Irwin. London: Greenwood Press, 2002.

Beckett, Samuel. *Texts for Nothing.* London: Calder Boyars, 1974.

Benjamin, Walter. "The Author as Producer." *Understanding Brecht.* Trans. Anna Bostock. London: Verso, 1998.

Bennett, Andrew. *The Author.* New York: Routledge, 2005.

Booth, Wayne C. *The Rhetoric of Fiction.* Chicago: University of Chicago Press, 1961.

Burke, Seán, ed. *Authorship: From Plato to the Postmodern: A Reader.* Edinburgh: Edinburgh University Press, 1995.

Burke, Seán. *The Death and Return of the Author: Criticism and Subjectivity in Barthes, Foucault and Derrida.* Edinburgh: Edinburgh University Press, 1998.

Cameron, Julia. *The Artist's Way: A Spiritual Path to Higher Creativity.* London: Pan/Macmillan, 1994.

Caughie, John, ed. *Theories of Authorship: A Reader.* London: Routledge & Kegan Paul Ltd, 1981.

Eichenbaum, Boris. "The Theory of the 'Formal Method.'" *Russian Formalist Criticism: Four Essays.* Ed. Lee T. Lemon and Marion J. Reis. Nebraska: University of Nebraska Press, 1965.

Foucault, Michel. "What Is an Author?" *The Death and Resurrection of the Author?* Ed. William Irwin. London: Greenwood Press, 2002.

Gawthrope, Jane, and Philip Martin. *Survey of the English Curriculum and Teaching in UK Higher Education.* Report No. 8. English Subject Center, October 2003.

Gilbert, Sandra M., and Susan Gubar. *The Madwoman in the Attic: The Woman Writer and the Nineteenth-Century Literary Imagination.* New Haven: Yale University Press, 1979.

Goldberg, Natalie. *Wild Mind: Living the Writer's Life.* New York: Bantam Books, 1990.

Gracia, Jorge J. E. "A Theory of the Author." *The Death and Resurrection of the Author?* Ed. William Irwin. London: Greenwood Press, 2002.

Irwin, William, ed. *The Death and Resurrection of the Author?* London: Greenwood Press, 2002.

Jowett, Benjamin, trans. *The Dialogues of Plato.* Oxford: The Clarendon Press, 1892.

Kamuf, Peggy. "Writing like a Woman." *Women and Language in Literature and Society.* Eds. Sally McConnell-Ginet, *et al.* New York: Praeger, 1980.

Lamarque, Peter. "The Death of the Author: An Analytical Autopsy." *The British Journal of Aesthetics* 30(4), 1990: 319-331.

McGurl, Mark. *The Program Era: Postwar Fiction and the Rise of Creative Writing.* Cambridge: Harvard University Press, 2009.

Miller, Nancy K. "Changing the Subject: Authorship, Writing, and the Reader." *Authorship: From Plato to the Postmodern: A Reader.* Ed. Seán Burke. Edinburgh: Edinburgh University Press, 1995.

Moi, Toril. *Sexual/Textual Politics: Feminist Literary Theory.* London: Routledge, 1985.

Myers, D. G. *The Elephants Teach: Creative Writing Since 1880.* Chicago: University of Chicago Press, 2006.

Nagy, Gregory. *Homeric Questions.* Austen: University of Texas Press, 1996.

Nehamas, Alexander. "Writer, Text, Work, Author." *The Death and Resurrection of the Author?* Ed. William Irwin. London: Greenwood Press, 2002.

Plato. *Ion. The Norton Anthology of Theory and Criticism.* Ed. Vincent B. Leitch. New York: W. W. Norton & Company, 2001.

Plato. *Republic, Book II. The Norton Anthology of Theory and Criticism.* Ed. Vincent B. Leitch. New York: W. W. Norton & Company, 2001.

Plato. *Republic, Book X. The Norton Anthology of Theory and Criticism.* Ed. Vincent B. Leitch. New York: W. W. Norton & Company, 2001.

Taplin, Oliver, ed. "Introduction." *Literature in the Greek World.* Oxford: Oxford University Press, 2001.

Walker, Cheryl. "Feminist Literary Criticism and the Author." *Authorship: From Plato to the Postmodern: A Reader.* Ed. Seán Burke. Edinburgh: Edinburgh University Press, 1995.

Wandor, Michelene. *The Author Is Not Dead, Merely Somewhere Else: Creative Writing Reconceived.* New York: Palgrave Macmillan, 2008.

Wilbers, Stephen. *The Iowa Writers' Workshop: Origins, Emergence, and Growth.* Iowa: University of Iowa Press, 1980.

Williams, Raymond. *Keywords: A Vocabulary of Culture and Society.* New York: Oxford University Press, 2015.

阿奎那:《哲学著作》,庆泽鹏译,载伍蠡甫(编)《西方文论选》(上卷)。上海:上海译文出版社,1979。

艾布拉姆斯:《镜与灯》,郦稚牛等译。北京:北京大学出版社,1989。

艾略特:《传统与个人才能》,卞之琳译,载朱立元、李钧(编)《二十世纪西方文论选》(上卷)。北京:高等教育出版社,2002。

奥古斯丁:《忏悔录》,周士良译。北京:商务印书馆,1963。

巴尔扎克:"《人间喜剧》前言",丁世中译,载《人间喜剧》(第一卷)。北京:人民文学出版社,1997。

巴尔扎克:"《人间喜剧》序、跋",袁树仁译,载《人间喜剧》(第二十四卷)。北京:人民文学出版社,1997。

巴特:《作者之死》,林泰译,载赵毅衡(编)《符号学文学论文集》。天津:百花文艺出版社,2004。

波伏娃:《妇女与创造力》,载张京媛(编)《当代女性主义文学批评》。北京:北京大学出版社,1992。

波伏娃(波伏瓦):《第二性》(I,II),郑克鲁译。上海:上海译文出版社,2014。

柏格森:《笑——论滑稽的意义》,载章安祺(编)《缪灵珠美学译文集》(第四卷)。北京:中国人民大学出版社,1991。

薄伽丘：《诗的功能》，载章安祺（编）《缪灵珠美学译文集》（第一卷）。北京：中国人民大学出版社，1998。

薄伽丘：《诗与神学》，载章安祺（编）《缪灵珠美学译文集》（第一卷）。北京：中国人民大学出版社，1998。

柏拉图：《柏拉图文艺对话集》，朱光潜译。北京：商务印书馆，2013。

布兰德：《成为作家》，刁克利译。北京：中国人民大学出版社，2011。

布鲁克斯：《形式主义批评家》，龚文庠译，载朱立元、李钧（编）《二十世纪西方文论选》（上卷）。北京：高等教育出版社，2002。

丹纳：《艺术哲学》，傅雷译。北京：人民文学出版社，1983。

但丁：《神曲·炼狱篇》，朱维基译。上海：上海译文出版社，1984。

狄德罗：《狄德罗美学论文选》，张冠尧等译。北京：人民文学出版社，1984。

狄德罗：《论戏剧艺术》，载缪朗山《西方文艺理论史纲》。北京：中国人民大学出版社，1985。

刁克利：《西方作家理论研究》。北京：外语教学与研究出版社，2005。

刁克利：《西方文论关键词：作者》，载《外国文学》2010年第2期。

刁克利：《美国当代作家生态研究》，载《英美文学研究论丛》2011年12月第15辑。

刁克利：《形式主义对现代作者理论的影响》，载《中国人民大学学报》2014年第6期。

刁克利：《诗性的回归：现代作者理论研究》。北京：昆仑出版社，2015。

刁克利：《女性主义对作者身份的建构》，载《中国人民大学学报》2017年第2期。

福柯：《作者是什么？》，逢真译，载王潮（编）《后现代主义的突破——外国后现代主义理论》。兰州：敦煌文艺出版社，1996。

弗莱：《文学的原型》，王逢振译，载朱立元、李钧（编）：《二十世纪西方文论选》（上卷）。北京：高等教育出版社，2002。

弗洛伊德：《精神分析引论》，高觉敷译。北京：商务印书馆，1984。

弗洛伊德："创造性作家与白日梦"，黄宏煦译，载戴维·洛奇（编）《二十世纪文学评论》（上册）。上海：上海译文出版社，1987。

哈利泽夫：《文学学导论》，周启超等译。北京：北京大学出版社，2006。

海德格尔：《诗·语言·思》，彭富春译。北京：文化艺术出版社，1990。

荷马：《荷马史诗·奥德赛》，王焕生译。北京：人民文学出版社，2015。

贺拉斯：《诗艺》，载章安祺（编）《缪灵珠美学译文集》（第一卷）。北京：中国人民大学出版社，1998。

赫施:《为作者辩护》,朱立元译,载朱立元、李钧(编)《二十世纪西方文论选》(下卷)。
    北京:高等教育出版社,2002。

赫西俄德:《工作与时日·神谱》,张竹明、蒋平译。北京:商务印书馆,1991。

黑格尔:《美学》,朱光潜译。北京:商务印书馆,1979。

华兹华斯:"《抒情歌谣集》序言",载章安祺(编)《缪灵珠美学译文集》(第三卷)。北
    京:中国人民大学出版社,1990。

康德:《判断力批判》(上卷),宗白华译。北京:商务印书馆,1985。

柯尔律治:《文学生涯》,载章安祺(编)《缪灵珠美学译文集》(第三卷)。北京:中国人
    民大学出版社,1990。

克罗齐:《美学原理·美学纲要》,朱光潜译。北京:外国文学出版社,1983。

劳伦斯:《劳伦斯文论精选》,朱通伯编。上海:上海外语教育出版社,2003。

朗吉努斯:《论崇高》,载章安祺(编)《缪灵珠美学译文集》(第一卷)。北京:中国人民
    大学出版社,1998。

刘勰:《文心雕龙》,载龙必锟(译注)《文心雕龙全译》。贵阳:贵州人民出版社,1992。

尼采:《悲剧的诞生》,周国平译。北京:三联书店,1986。

皮科克:《诗的四个时代》,载章安祺(编)《缪灵珠美学译文集》(第三卷)。北京:中国
    人民大学出版社,1990。

普罗提诺:《九章集》,载章安祺(编)《缪灵珠美学译文集》(第一卷)。北京:中国人民
    大学出版社,1998。

荣格:《心理学与文学》,载章安琪(编)《缪灵珠美学译文集》(第四卷)。北京:中国人
    民大学出版社,1991。

圣伯夫(圣·佩韦):《什么是古典作家?》,载伍蠡甫(编)《西方文论选》(下卷)。上海:
    上海译文出版社,1979。

圣伯夫(圣·佩韦):《泰纳的〈英国文学史〉》,载伍蠡甫(编)《西方文论选》(下卷)。
    上海:上海译文出版社,1979。

圣伯夫(圣·佩韦):《新星期一漫谈》,载伍蠡甫(编)《西方文论选》(下卷)。上海:上
    海译文出版社,1979。

叔本华:《意志和表象的世界》,载章安祺(编)《缪灵珠美学译文集》(第二卷)。北京:
    中国人民大学出版社,1987。

斯达尔夫人:《论文学》,徐继增译。北京:人民文学出版社,1986。

斯皮瓦克:《三个女性文本和一种帝国主义批评》,裴亚莉译,载朱立元、李钧(编)
    《二十世纪西方文论选》(下卷)。北京:高等教育出版社,2002。

维姆萨特:《意图谬见》，罗少丹译，载朱立元、李钧（编）《二十世纪西方文论选》（上卷）。北京：高等教育出版社，2002。

伍尔夫（吴尔夫）:《一间自己的房间》，贾辉丰译。北京：商务印书馆，2012。

锡德尼:《为诗辩护》，钱学熙译。北京：人民文学出版社，1964。

席勒:《论素朴诗与感伤诗》，载章安祺（编）《缪灵珠美学译文集》（第二卷）。北京：中国人民大学出版社，1987。

谢林:《先验唯心论体系》，梁志学、石泉译。北京：商务印书馆，1976。

雪莱:《西风颂》，江枫译，载诗刊社（编）《世界抒情诗选》。沈阳：春风文艺出版社，1984。

雪莱:《诗之辩护》，载章安祺（编）《缪灵珠美学译文集》（第三卷）。北京：中国人民大学出版社，1990。

亚里士多德:《诗学》，载章安祺（编）《缪灵珠美学译文集》（第一卷）。北京：中国人民大学出版社，1998。

亚里士多德、贺拉斯:《诗学·诗艺》，罗念生、杨周翰译。北京：人民文学出版社，1962。

余虹:《文学知识学》。北京：北京大学出版社，2009。

詹明信（詹姆逊）:《后现代主义，或后期资本主义的文化逻辑》，王逢振、金衡山译，载朱立元、李钧（编）《二十世纪西方文论选》（下卷）。北京：高等教育出版社，2002。

推荐文献

Abrams, M. H. *The Mirror and the Lamp: Romantic Theory and the Critical Tradition.* New York: Oxford University Press, 1971.

Bennett, Andrew. *The Author.* New York: Routledge, 2005.

Burke, Seán, ed. *Authorship: From Plato to the Postmodern: A Reader.* Edinburgh: Edinburgh University Press, 1995.

Burke, Seán. *The Death and Return of the Author: Criticism and Subjectivity in Barthes, Foucault and Derrida.* Edinburgh: Edinburgh University Press, 1998.

Gilbert, Sandra M., and Susan Gubar. *The Madwoman in the Attic: The Woman Writer and the Nineteenth-Century Literary Imagination.* New Haven: Yale University Press, 1979.

Irwin, William, ed. *The Death and Resurrection of the Author?* London: Greenwood Press, 2002.

Moi, Toril. *Sexual/Textual Politics: Feminist Literary Theory.* London: Routledge, 1985.

Wandor, Michelene. *The Author Is Not Dead, Merely Somewhere Else: Creative Writing Reconceived.* New York: Palgrave Macmillan, 2008.

Williams, Raymond. *Keywords: A Vocabulary of Culture and Society.* New York: Oxford University Press, 2015.

索引

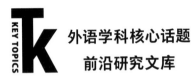

外语学科核心话题
前沿研究文库

"十三五"国家重点出版物出版规划项目

- ● 二语写作（主编：王立非）
    - 二语写作课堂教学研究（杨鲁新）
    - 二语写作认知心理研究方法与趋势（王俊菊）
    - 二语写作测评方式研究（梁茂成）
    - 二语写作身份认同研究（徐昉）
    - 不同体裁的二语写作研究（邓郦鸣）

- ▼ 外语教师教育（主编：徐浩）
    - 外语教师学习（康艳）
    - 外语教师能力（徐浩）
    - 外语教师共同体（张金秀）

外国文学研究核心话题系列丛书 （总主编：张剑）

- ■ 传统·现代性·后现代研究（主编：张剑）
    - 经典（张剑）
    - 现代性（宋文）
    - 后现代主义（陈世丹）
    - 改写（陈红薇）
    - 解辖域化（张海榕）
    - 战争文学（胡亚敏）
    - 新维多利亚小说（金冰）

- ◆ 社会·历史研究（主编：杨金才）
    - 权力（杨金才）
    - 乌托邦（姚建彬）
    - 文化资本（许德金）
    - 公共领域（李成坚、任显楷）
    - 霸权（郭英剑）
    - 文化唯物主义（赵国新、袁方）
    - 文学性（李颖）
    - 原始主义（浦立昕）
    - 元小说（丁冬）

- ▲ 种族·后殖民研究（主编：谭惠娟）
    - 民族（孙红卫）
    - 空间（陈丽）
    - 身份（张柏青）
    - 跨国主义（潘志明）
    - 杂糅（谭惠娟、王荣）

- ● 自然·性别研究（主编：陈红）
    - 身体（张金凤）
    - 性别（刘岩、宋林等）
    - 男性气质（隋红升）
    - 生态女性主义（韦清琦、李家銮）
    - 田园诗（陈红、张珊珊、鲁顺）
    - 动物伦理（张嘉如）

- ◆ 心理分析·伦理研究（主编：刁克利）
    - 作者（刁克利）
    - 伦理（杨国静）
    - 传记（待定）
    - 书写（王涛）

翻译学核心话题系列丛书 （总主编：王克非）

- ■ 理论翻译研究（主编：王东风）
    - 国外翻译理论发展研究（王东风）
    - 翻译过程研究：理论、方法、问题（郑冰寒）
    - 译学方法论研究（蓝红军）
    - 翻译认知过程研究（谭业升）

- ● 应用翻译研究（主编：王克非）
    - 翻译教学研究（马会娟）
    - 翻译测试与评估研究（杨志红）
    - 实务翻译研究（范武邱）
    - 翻译能力研究（赵秋荣）
    - 翻译技术研究（王华树）

- ▲ 翻译文化史研究（主编：许钧）
    - 中国翻译文学史研究（王建开）
    - 西方翻译文化史研究（谭载喜）
    - 翻译史研究方法（黄焰结）
    - 中华典籍外译研究（范祥涛）
    - 中文小说英译研究（王颖冲）

- ● 语料库翻译研究（主编：秦洪武、黄立波）
    - 语料库翻译学理论研究（黄立波）
    - 双语语料库的研制与应用（秦洪武）
    - 基于语料库的文学翻译研究（胡开宝）
    - 基于语料库的应用翻译研究（戴光荣）
    - 基于语料库的语言接触研究（庞双子）
    - 基于语料库的文体统计学（胡显耀）

- ◆ 口译研究（主编：张威）
    - 口译理论研究（王斌华）
    - 口译教学研究（任文、郑凌茜、王洪林）
    - 语料库口译研究（张威）

跨文化研究核心话题丛书 （总主编：孙有中）

- 跨文化能力研究（戴晓东）
- 跨文化商务话语研究（吴东英、冯捷蕴、梁森等）
- 跨文化适应研究（侯俊霞）
- 跨文化外语教学研究（孙有中、廖鸿婧、郑萱、秦硕谦、王强）
- 跨文化传播研究（单波）